海上絲綢之路基本文獻叢書

中國日本交通史

王輯五 著

文物出版社

圖書在版編目（CIP）數據

中國日本交通史 / 王輯五著. -- 北京 : 文物出版社, 2022.7
（海上絲綢之路基本文獻叢書）
ISBN 978-7-5010-7594-2

Ⅰ. ①中… Ⅱ. ①王… Ⅲ. ①中日關係一交通運輸史 Ⅳ. ① F552.9

中國版本圖書館 CIP 數據核字 (2022) 第 086412 號

海上絲綢之路基本文獻叢書

中國日本交通史

著　　者：王輯五
策　　劃：盛世博閱（北京）文化有限責任公司

封面設計：鞏榮彪
責任編輯：劉永海
責任印製：王　芳

出版發行：文物出版社
社　　址：北京市東城區東直門内北小街 2 號樓
郵　　編：100007
網　　址：http://www.wenwu.com
經　　銷：新華書店
印　　刷：北京旺都印務有限公司
開　　本：787mm×1092mm　1/16
印　　張：15.375
版　　次：2022 年 7 月第 1 版
印　　次：2022 年 7 月第 1 次印刷
書　　號：ISBN 978-7-5010-7594-2
定　　價：98.00 圓

總緒

海上絲綢之路，一般意義上是指從秦漢至鴉片戰争前中國與世界進行政治、經濟、文化交流的海上通道，主要分爲經由黄海、東海的海路最終抵達日本列島及朝鮮半島的東海航綫和以徐聞、合浦、廣州、泉州爲起點通往東南亞及印度洋地區的南海航綫。

在中國古代文獻中，最早、最詳細記載『海上絲綢之路』航綫的是東漢班固的《漢書·地理志》，詳細記載了西漢黄門譯長率領應募者入海『齎黄金雜繒而往』之事，書中所出現的地理記載與東南亞地區相關，并與實際的地理狀况基本相符。

東漢後，中國進入魏晉南北朝長達三百多年的分裂割據時期，絲路上的交往也走向低谷。這一時期的絲路交往，以法顯的西行最爲著名。法顯作爲從陸路西行到印度，再由海路回國的第一人，根據親身經歷所寫的《佛國記》（又稱《法顯傳》）一書，詳細介紹了古代中亞和印度、巴基斯坦、斯里蘭卡等地的歷史及風土人情，是瞭解和研究海陸絲綢之路的珍貴歷史資料。

隨着隋唐的統一，中國經濟重心的南移，中國與西方交通以海路爲主，海上絲綢之路進入大發展時期。廣州成爲唐朝最大的海外貿易中心，朝廷設立市舶司，專門管理海外貿易。唐代著名的地理學家賈耽（七三〇～八〇五年）的《皇華四達記》記載了從廣州通往阿拉伯地區的海上交通『廣州通夷道』，詳述了從廣州港出發，經越南、馬來半島、蘇門答臘半島至印度、錫蘭，直至波斯灣沿岸各國的航綫及沿途地區的方位、名稱、島礁、山川、民俗等。譯經大師義净西行求法，將沿途見聞寫成著作《大唐西域求法高僧傳》，詳細記載了海上絲綢之路的發展變化，是我們瞭解絲綢之路不可多得的第一手資料。

宋代的造船技術和航海技術顯著提高，指南針廣泛應用於航海，中國商船的遠航能力大大提升。北宋徐兢的《宣和奉使高麗圖經》詳細記述了船舶製造、海洋地理和往來航綫，是研究宋代海外交通史、中朝友好關係史、中朝經濟文化交流史的重要文獻。南宋趙汝適《諸蕃志》記載，南海有五十三個國家和地區與南宋通商貿易，形成了通往日本、高麗、東南亞、印度、波斯、阿拉伯等地的『海上絲綢之路』。宋代爲了加强商貿往來，於北宋神宗元豐三年（一〇八〇年）頒佈了中國歷史上第一部海洋貿易管理條例《廣州市舶條法》，并稱爲宋代貿易管理的制度範本。

元朝在經濟上採用重商主義政策，鼓勵海外貿易，中國與歐洲的聯繫與交往非常頻繁，其中馬可·波羅、伊本·白圖泰等歐洲旅行家來到中國，留下了大量的旅行記，記録元代海上絲綢之路的盛况。元代的汪大淵兩次出海，撰寫出《島夷志略》一書，記録了二百多個國名和地名，其中不少首次見於中國著録，涉及的地理範圍東至菲律賓群島，西至非洲。這些都反映了元朝時中西經濟文化交流的豐富内容。

明、清政府先後多次實施海禁政策，海上絲綢之路的貿易逐漸衰落。但是從明永樂三年至明宣德八年的二十八年裏，鄭和率船隊七下西洋，先後到達的國家多達三十多個，在進行經貿交流的同時，也極大地促進了中外文化的交流，這些都詳見於《西洋蕃國志》《星槎勝覽》《瀛涯勝覽》等典籍中。

關於海上絲綢之路的文獻記述，除上述官員、學者、求法或傳教高僧以及旅行者的著作外，自《漢書》之後，歷代正史大都列有《地理志》《四夷傳》《西域傳》《外國傳》《蠻夷傳》《屬國傳》等篇章，加上唐宋以來衆多的典制類文獻、地方史志文獻，集中反映了歷代王朝對於周邊部族、政權以及西方世界的認識，都是關於海上絲綢之路的原始史料性文獻。

海上絲綢之路概念的形成，經歷了一個演變的過程。十九世紀七十年代德國地理學家費迪南・馮・李希霍芬（Ferdinad Von Richthofen，一八三三～一九〇五），在其《中國：親身旅行和研究成果》第三卷中首次把輸出中國絲綢的東西陸路稱爲『絲綢之路』。有『歐洲漢學泰斗』之稱的法國漢學家沙畹（Édouard Chavannes，一八六五～一九一八），在其一九〇三年著作的《西突厥史料》中提出『絲路有海陸兩道』，蘊涵了海上絲綢之路最初提法。迄今發現最早正式提出『海上絲綢之路』一詞的是日本考古學家三杉隆敏，他在一九六七年出版《中國瓷器之旅：探索海上的絲綢之路》中首次使用『海上絲綢之路』一詞；一九七九年三杉隆敏又出版了《海上絲綢之路》一書，其立意和出發點局限在東西方之間的陶瓷貿易與交流史。

二十世紀八十年代以來，在海外交通史研究中，『海上絲綢之路』一詞逐漸成爲中外學術界廣泛接受的概念。根據姚楠等人研究，饒宗頤先生是華人中最早提出『海上絲綢之路』的人，他的《海道之絲路與昆侖舶》正式提出『海上絲路』的稱謂。選堂先生評價海上絲綢之路是外交、貿易和文化交流作用的通道。此後，大陸學者馮蔚然在一九七八年編寫的《航運史話》中，使用『海上絲綢之路』一詞，這是迄今學界查到的中國大陸最早使用『海上絲綢之路』的人，更多地限於航海活動領域的考察。一九八〇年北京大學陳炎教授提出『海上絲綢之路』研究，并於一九八一年發表《略論海上絲綢之路》一文。他對海上絲綢之路的理解超越以往，且帶有濃厚的愛國主義思想。陳炎教授之後，從事研究海上絲綢之路的學者越來越多，尤其沿海港口城市向聯合國申請海上絲綢之路非物質文化遺産活動，將海上絲綢之路研究推向新高潮。另外，國家把建設『絲綢之路經濟帶』和『二十一世紀海上絲綢之路』作爲對外發展方針，將這一學術課題提升爲國家願景的高度，使海上絲綢之路形成超越學術進入政經層面的熱潮。

與海上絲綢之路學的萬千氣象相對應，海上絲綢之路文獻的整理工作仍顯滯後，遠遠跟不上突飛猛進的研究進展。二〇一八年厦門大學、中山大學等單位聯合發起『海上絲綢之路文獻集成』專案，尚在醞釀當中。我們不揣淺陋，深入調查，廣泛搜集，將有關海上絲綢之路的原始史料文獻和研究文獻，分爲風俗物産、雜史筆記、海防海事、典章檔案等六個類別，彙編成《海上絲綢之路歷史文化叢書》，於二〇二〇年影印出版。此輯面市以來，深受各大圖書館及相關研究者好評。爲讓更多的讀者親近古籍文獻，我們遴選出前編中的菁華，彙編成《海上絲綢之路基本文獻叢書》，以單行本影印出版，以饗讀者，以期爲讀者展現出一幅幅中外經濟文化交流的精美畫卷，爲海上絲綢之路的研究提供歷史借鑒，爲『二十一世紀海上絲綢之路』倡議構想的實踐做好歷史的詮釋和注脚，從而達到『以史爲鑒』『古爲今用』的目的。

凡例

一、本編注重史料的珍稀性，從《海上絲綢之路歷史文化叢書》中遴選出菁華，擬出版百册單行本。

二、本編所選之文獻，其編纂的年代下限至一九四九年。

三、本編排序無嚴格定式，所選之文獻篇幅以二百餘頁爲宜，以便讀者閱讀使用。

四、本編所選文獻，每種前皆注明版本、著者。

五、本編文獻皆爲影印，原始文本掃描之後經過修復處理，仍存原式，少數文獻由於原始底本欠佳，略有模糊之處，不影響閱讀使用。

六、本編原始底本非一時一地之出版物，原書裝幀、開本多有不同，本書彙編之後，統一爲十六開右翻本。

目録

中國日本交通史

中國日本交通史

王輯五 著

民國二十六年上海商務印書館鉛印本

中國日本交通史

王輯五著

敍例

一、本書編輯要旨在闡明中日歷代交通之梗概，並注重說明兩國文化在交通路上之渡涉事蹟。

一、本書依照中國朝代之順序，區分爲十五章。對於古代交通史料之須待考證處及近代交通概況之縱的說明，尤力求發揮盡致。

一、本書前四章所稱之『倭』或『倭國』，乃指日本列島而言；蓋隋書以前正史皆稱日本列島爲『倭』或『倭國』，自唐書以降始改稱爲日本也。

一、本書所引用之各種文獻，均註明出處，俾便讀者取證。

一、本書之參考書籍，中文者多參照正史本紀及東夷傳等；日文者，多取材於辻善之助氏之增訂海外交通史話，星野恆氏之和漢交通史及木宮泰彥氏之日支交通史等。

目次

中國日本交通史

第一章　秦以前之中倭交通

一　中日最古之自然航路

日本列島橫列於亞洲大陸之門前，與我國僅隔一衣帶水，而朝鮮半島又突出於其間，適爲中日交通往來之渡橋；故中日交通往來之開始，當不始於航海術發達以後，而當求之於上古時代。當中生代（Mesozoic）時，亞洲東南部不惟與南洋羣島及澳洲全部合而爲一，中國東部復與朝鮮日本及非律賓相毗連。及至新生代（Cenozoic）初葉，亞洲東北部與美洲西北部之毗連處，被海洋冲斷而變爲白令海峽；亞洲南部與澳洲北部之毗連處，亦漸被海洋冲斷而爲南洋羣島；日本西部與亞洲東部之毗連處，亦因地殼變動陷落而爲日本海。日本遂與大陸隔斷，卒漸有今日之狀態

（1）。日本列島由大陸切斷後，恐爲長年月之無人島嶼，散列於東海，周圍民族之渡至列島，乃遙在此時期以後之事；蓋在列島上發掘之遺骨遺物其年代較晚故也（2）。當原始時代民族間之列島渡涉，概多以海流爲自然航路，阿夷奴（Ainu 即蝦夷）人種及通古斯（Tunguse）系民族多由西伯利亞趁由北而南之寒流南下，經由間宮海峽而至日本北部；南洋系民族則趁由南而北之暖流，漂渡至九州定住；與日本僅隔一衣帶水之我中華民族，亦趁日本海左旋回流而東渡至日本矣（3）。

按日本海之左旋回流，爲中日最古之自然航路，亦爲我國文化東渡之最古途徑；惟因其缺乏史籍可徵及向來無人調查之故，致爲一般人所忽視。追至二十世紀初葉，用投瓶法實地測驗之結果，始爲世人所注意。當一九〇六年，和田雄治博士受日本水產調査會之委託，試用投瓶法以測驗日本海之海流。其投瓶地點在朝鮮半島西岸仁川及東北岸圖們江之間，其中尤側重釜山與清津之間。其所投之瓶爲空瓶，上貼號數，任其漂流。迄至一九一二年止，曾投入空瓶七百五十個，其漂至海岸而被發現者，計達百三十二個。同時日本海軍省水路部，爲調査日本海之海流起見，亦於一九〇八年，實行投瓶測驗在投瓶五百五十個之中，曾發現二百零七個。總計兩方實行投瓶之結果，其漂至海岸被發現者前後計達三百三十九瓶；其中漂流至日本之山陰、北陸沿岸者計達二百七十四瓶，佔全數百分之八十有奇，竟居大多數。又據日本海軍省之發表，明治三十七八年（一九〇四——五年）日俄戰爭之際，日俄所敷之機械水雷因漂流至海岸而被發現者，計達三百七十五隻，其中曾漂至日本之山陰、北陸海岸者，竟達二百四十八隻，佔全數百分之六十六；足證日本海海流具有左旋回流之實力。至關於水雷及投瓶之發現地點等，據和田博士之調查報告，概如下列所示(4)：

山陰道	水雷五一	投瓶三一
北陸道	水雷一九七	投瓶二四三
東海道		

水雷一八　投瓶一

南海道

水雷二　投瓶一

西海道

水雷一　投瓶　無

北海道

水雷四四　投瓶四五

千島海岸

水雷　無　投瓶一

庫頁島海岸

水雷一　投瓶二

朝鮮東海岸

水雷六一　投瓶一四

琉球海岸

水雷　無　投瓶一

據以上調查，足證日本海中之左旋回流，恆為由朝鮮往日本山陰、北陸地方之一種自然航路；此亦半島上新羅人之所以多漂至日本出雲地方之唯一原因也。蓋日本海海流，原有間宮海峽寒流，與對馬海峽暖流二者由間宮海峽發源之寒流，沿俄領東海濱省東岸及朝鮮半島東岸南下，適與由南而北之暖流衝突於對馬海峽。其結果溫度低比重大之寒流，潛伏於溫度高比重小之暖流之下；並沿其周圍陸地而成為左旋回流。此種向左旋之對馬海流，乃沿山陰、北陸海岸東北而行；迨至津輕海峽及宗谷海峽，遂分為大小支流，漸次微弱，直至庫頁島西岸而消滅。此種具有左旋實力之日本海流，遂為中華民族由半島東渡之最古航路矣。

徵諸日本史籍，由半島趁日本海流而漂至日本山陰、北陸之史實，亦屬不少。據和田雄治之調查報告（九），當時由半島漂至日本山陰、北陸之史實，不下八九十件，就中以渤海人、新羅人及高麗人爲最多，足證在千餘年以前，日本海中之左旋回流路，並不與現近迥異。又日本人素稱爲唯一古文獻之日本書紀，曾載：「素盞嗚尊以埴土作舟由新羅曾尸茂梨渡至出雲。」同書又載「垂仁天皇三年（西紀前二七年），新羅王天日槍至但馬國。」與日本書紀並稱爲雙璧之古事記，亦載「少名毘古那神由波穗乘天羅摩船至出雲御大之御前。」至所謂素盞嗚尊及少名毘古那神者，是人是神，雖無由推定；惟在古代神話中竟能案出此種由半島乘舟至山陰、出雲之故事者，是知此種故事之骨子，是否受大陸民族由半島漂至出雲地方之事實的暗示？自不言而喻。

近在日本越前國坂井郡，曾發現流水紋式銅鐸。此銅鐸圖紋上，畫一人乘之獨木刳舟，舟之兩旁具有十餘根如蜈蚣足之附木，蓋以爲防禦顛覆之用。在造船術未精，航海術尙未發達之當時，如斯裝置之獨木舟，似爲由半島辰韓乘之渡海，趁順流而漂至山陰地方者，可斷言也。梅原末治氏所著之由考古學上考察出來之古代日鮮關係（朝鮮雜誌第百號）中，曾謂：

「在畿內大和發掘之銅鐸形狀，頗類似先秦時代之古鐘。近年在朝鮮慶尙南道慶州入室里，發現之四寸許小銅鐸及蒲鉾緣細紋鏡，與大正七年（一九一八年）在大和國葛城郡吐田鄉發掘之遺物，實屬相同。且其製造術均受中國文化之影響，恐此先行之於辰韓，然後傳至於日本。』

按朝鮮慶尚南道爲新羅國及辰韓之故地，亦常爲趁日本海左旋回流漂至日本山陰地方之出發地；由朝鮮南部與日本畿內所發掘之銅鐸，不惟彼此相同，且其形狀與製法亦均與中國無異；即此可知日本海回流路，當爲中國文化東渡之最古航路無疑也。

二　周秦間之中倭交通

西周之初，東周之末，內亂頻仍，人民不堪虐政之壓迫，相率避難於東瀛樂土，或求自由天地於半島者，在在有之；如箕子率殷民就封於朝鮮（6），衛滿之率燕民建國於半島等，是也。殷周之世，朝鮮半島既已入我國勢力範圍之下，而朝鮮與日本相距咫尺，隔海相望，兩民族間之渡涉往來，在所不免，渡至半島之倭人，遂由半島傳聞於我國，於是我國古文獻中亦往往載有倭人之記事矣。

在中國古文獻中首先載倭人之記事者，爲山海經，山海經海內北經曰：「南倭北倭屬燕。」按山海經之成書年代，據四庫全書提要所載「殆周秦間人所述，而好異者又附益之歟。」其記事多荒唐無稽之處，固未能盡視爲金科玉律；惟所載倭有南北倭之分，倭屬燕之事，雖未必均屬確實可信，但倭之名，此時或已傳聞於中國而無疑也。

次於山海經者，爲班固之漢書與王充之論衡。論衡卷第八儒增篇曰：

「周時天下太平，越裳獻白雉，倭人貢鬯草。」

同書卷第十九恢國篇曰：

「成王之時，越裳獻雉，倭人貢暢。」

同書卷第十三超奇篇曰：

「暢草獻於倭。」

後漢王充乃東漢和帝時之名儒，其所著論衡中所載周倭交通之記事，是否屬實，似有考究之必要。按「暢」與「鬯」字同，說文「鬯」字解：「以秬釀鬱草，芬芳條暢，以降神也。」是我國古代祭祀用製造香酒之草名也。又說文「鬱」字解：「鬱鬯百草之華，遠方鬱人所貢芳草，以降神，鬱今鬱林郡也。」是乃我國南方鬱林郡所產之草，並非倭國所產，而王充謂倭人貢鬯草於周者，蓋追述千餘年前周代聖王德化之傳聞而已。

漢司馬遷所撰之史記，爲我國古文獻之北斗，其記事之眞實性，自非山海經等所能比擬。史記封禪書及秦始皇本紀，皆迭載齊人徐福入東海求仙之記事，故有秦倭交通之說。史記封禪書謂

「自威宣燕昭使人入海求蓬萊、方丈、瀛洲，此三神山者，其傳在勃海中，去人不遠，患且至，則船風引而去，蓋嘗有至者，諸仙人及不死之藥皆在焉。其物禽獸盡白，而黃金銀爲宮闕，未至，望之如雲；及到，三神山反居水下，臨之風輒引去，終莫能至云，世主莫不甘心焉。及至秦始皇倂天下，至海上，則方士言之不可勝數，始皇自以爲至海上而恐不及矣，使人乃齎童男女入海求之，船交海中，皆以風爲解，曰未能至，望見之焉。」

同書秦始皇本紀二十八年之條亦載：

「齊人徐市等上書，言海中有三神山，名曰蓬萊、方丈、瀛洲，仙人居之，請得齋戒，與童男女求之，於是遣徐市發童男女數千人，入海求仙人。」

同書秦始皇本紀三十七之條，復載：

「始皇出游……並海上，北至琅邪，方士徐市等入海求神藥，數歲不得，費多恐譴，乃詐曰：蓬萊藥可得，然常爲大鮫魚所苦，故不得至，願請善射與俱，見則以連弩射之。始皇夢與海神戰，如人狀，乃令入海者齎捕巨魚具，而自以連弩候大魚出射之。自琅邪北至榮成山，弗見，至之罘，見巨魚，射殺一魚。」

按徐福亦卽徐市，市乃古黻字，並非別名。當時燕齊人士因頻臨海面，入海求仙思想盛行，而兼有求仙與探奇之入海說，自古久已行之(7)；徐福之入海求仙，恐亦其一例也。又史記淮南衡山列傳中之淮南王安傳，載伍被諫王之言曰：

「昔秦絕先王之道，……又使徐福入海求神異物，還爲僞辭曰：臣見海中大神，言曰：汝西皇之使邪？臣答曰：然。汝何求？曰：願請延年益壽藥。神曰：汝秦王禮薄，得觀而不得取。卽從臣東南至蓬萊山，見芝成宮闕，有使者銅色而龍形，光上照天。於是臣再拜問曰：宜何資以獻？海神曰：以令名男子若振女與百工之事，卽得之矣。秦皇帝大悅，遣振男女三千人，資之五穀種種百工而行。徐福得平原廣澤，止王不來。」

徐福入海求仙之底意，果眞爲避匿始皇之虐政，藉求仙藥之美名，攜人民五穀等移住於東瀛樂土，此實開我國古代殖民之第一聲也。三國志吳志卷二孫權傳中謂：

「黃龍二年春正月，遣將軍衞溫、諸葛直將甲士萬人浮海求夷洲及亶州。亶州在海中，長老傳言：秦始皇帝遣方士徐福將童男童女數千人入海求蓬萊神山及仙藥，止此洲不還，世相承有數萬家，其上人民時有至會稽貨布，會稽東冶縣人海行亦有遭風流移至亶州者，所在絕遠，卒不可得至，但得夷洲數千人還。」

後漢書東夷傳亦抄載此文，僅省略孫權遣兵之記事，並將亶州二字改書作澶洲而已。松下見林之異稱日本傳中亦謂：

「其所止謂言平原廣澤，不言地名，後漢書亦謂夷洲澶洲，北史及隋書以秦王國爲夷洲云，不能明也。」

是知自三國志以降，後漢書、北史、隋書等，關於徐福之記事，多轉相抄襲，致有傳聞失實之處。至其以夷洲澶洲等強與徐福所移住之平原廣澤相比擬者，固屬不通；而以夷洲澶洲之所在地非爲日本列島，遂論定徐福未至日本，並進而否認之者，此尤不通之論也。

徐福入海求仙事，不惟僅見之於中國史籍，即在日本史籍中亦數見不鮮；在神皇正統記孝靈天皇之條云：

「四十五年乙卯，秦始皇即位，始皇好神仙，求長生不死之藥於日本，日本欲得彼國之五帝三王遺書，始皇乃悉送之。其後三十五年，彼國因焚書坑儒，孔子之全經遂存於日本。」

林羅山之羅山文集云：

「徐福之來日本，在焚書坑儒之前六七年矣。想蝌蚪篆籀韋漆竹牒，時人知者鮮矣。其後世世兵燹，紛失亂墜，未聞其傳，嗚呼惜哉！」

松下見林之異稱日本傳亦謂：

「夷洲澶洲皆稱日本海島，相傳紀伊國熊野山下飛鳥之地，有徐福墳。又曰：熊野、新宮東南有蓬萊山，山有徐福祠。近沙門絕海入明，太祖皇帝召見，指日本圖，顧問海邦遺跡，勅賦熊野詩。海詩曰：熊野墳前徐福祠，滿山藥草雨餘肥，只今海上波濤穩，萬里好風須早歸。御製賜和曰：熊野峯前血食祠，松根琥珀也應肥，昔日徐福求仙藥，直到如今竟不歸。見焦堅藁。所謂徐福祠者，謂蓬萊山祠也。此祠屬熊野大權現，熊野大權現者神代明神，書於國史式條昭昭也。徐福觀國之光來止脫於虎豹之秦，死為神在熊野三山之間，亦匪直人也。或曰：歐陽永叔日本刀歌曰：徐福行時經未焚，逸書百篇今猶存。劉氏引原始祕書曰：日本之學始於徐福。然則其德可稱之，而為始我則不信也。」

新井君美之同文通考中，亦載：

「今熊野附近有地曰秦住，土人相傳為徐福居住之舊地。由此七八里有徐福祠，其間古蹟參差，相傳為其家臣之塚。如斯舊跡，今又相傳，且又有秦姓諸氏，則秦人之來住，乃必然之事也。」

又日本和歌山縣所撰之和歌山縣史蹟名所誌中亦載：

「秦徐福之墓在新宮町，墓前有石碑一，上刻「秦徐福之墓」五字，傳為李梅溪所書。相傳往昔秦始皇帝時，徐福率童男女五百人，攜五穀種籽及耕作農具渡至日本，在熊野浦登岸，從事耕作，養育童男童女子孫，遂為熊野之長，安穩渡日。又徐福所求不老不死之仙藥地之蓬萊山，在由此向東三町許之地，樹木蒼鬱繁茂，山形如盆，自成仙境之觀焉。」

又野崎左文所撰之日本名勝地誌，亦謂：

「舊城東之海岸，熊野之田圃中，有老樟二樹，德川賴宣建一坊，題曰：「秦徐福之墓。」去墓三町，有小墓七，爲徐福從者之墓。鄰郊東南牟婁郡木町之東，有秦須（亦稱波多須）浦，爲徐福船泊於矢賀磯而暫居之地。後雖移居新宮，惟秦須浦尚有秦氏。」

至其他仁井田好古氏之徐福碑，高谷瀨夫之日本史，以及孝靈通鑑、紀伊續風土記、寬文雜記等，均載及徐福東渡之事。徐福之墓及其祠，迄今仍巍然猶存，秦姓諸氏仍依然繁殖於該地，猶受朝野上下之崇敬。明治初年，我國駐日公使館參贊黃遵憲之日本雜事詩，其後，又有我駐日公使黎庶昌之訪徐福墓記，皆因目擊徐福之祠墓，有感於中而發露於外之傑作。徐福移住之遺跡既巍然猶存，而中日史籍復衆口同聲，言之鑿鑿，而否定徐福東渡之有力反證，尚未之聞也。且近自日本海左旋回流路之發現，尤足證明秦人系大陸民族東渡之可能。再就銅鐸分布之遺跡觀之，更足證實秦人系大陸民族東渡之途徑；此則均予徐福等秦人集東渡說以有力之左證也。近和歌山縣（舊熊野地）有志者，爲保存徐福史蹟，而組成一徐福史蹟保勝會。復於一九三〇年，由該會主催之下，縣民舉行一『徐福來朝二千年祭』以誌不忘(8)。此則與日本近來之『日本出自大陸，返歸大陸』口頭禪，均屬別有隱衷者也。

然則徐福等秦人羣東渡之事，其所經由之途徑若何？是否利用日本海之左旋回流，經由半島渡至日本？實有檢討之必要。按山東半島與朝鮮半島僅隔咫尺，東西對峙，齊人徐福等由山東半島登舟東渡，不難漂至朝鮮。當時朝鮮南部三韓鼎立，馬韓位於西，辰韓位於東，弁韓居其南。後漢書東夷傳韓國之條謂：

『辰韓耆老自言秦之七人避苦役適韓國，馬韓割東界與之，其名國為邦，弓為弧，賊為寇，行酒為行觴，相別為徒，有似秦語，故或名之為秦韓。』

是知辰韓領地為馬韓所割與，因其多避難於半島之秦人，故亦稱之曰秦韓。徐福等秦人羣之入海求仙，據史記淮南衡山列傳所載，亦為逃避始皇虐政而東渡者也，此由山東半島東渡之徐福等秦人羣，亦不能謂其絕對不能漂至辰韓，更不能謂其絕對與辰韓無關。果辰韓即秦韓，乃為徐福等秦人羣所組成之一集團，則住於此半島東南部之秦人集團，為滿足其擴張慾及探險慾起見，自不免前仆後繼，三三五五乘獨木舟任其漂流，卒因日本海左旋回流關係，均前後漂至日本山陰地方。至徐福本人究由辰韓漂至日本否？竊以爲尚非重要之問題也(9)。至若日韓古文獻上，未曾明載徐福等秦人羣東渡之記事者，乃因徐福等秦人羣東渡時，遥在日韓民族有史以前故也。但此秦人羣由韓東渡之結果，在日本神話傳說史上，卻不難尋出其暗示來；如日本記紀（即古事記與日本書紀之略稱）所載之素盞鳴尊、少名毘古那神由新羅渡至出雲之神話，乃其最顯著之例也。蓋新羅之故地爲辰韓，乃避難於半島之秦人所居之地，不獨爲徐福等秦人羣東渡之出發地，亦測驗日本海流之投瓶地也。栗山周一所著之日本闕史時代研究第二章，曾載：

「銅鐸民族之興盛時代，概以西紀前二百年左右爲中心，而上溯至西紀前四五百年；由此點觀之，但馬民族說及秦人說，確屬最有力者。蓋小形厚手之古型銅鐸多發現於山陰方面，漸次延及於北陸，而與由出雲至朝鮮半島慶州者亦有連絡也。太古交通線乃由但馬、出雲延及於半島者，模仿大陸系古墳之方墳系統，亦係散在此交通線上者；據神話傳說上，出雲系民族似亦沿此交通線，漸次向近畿地方發現者。且繁榮於奈良、平安之秦氏，在聖德太子時代，已有非常勢力；秦氏一族之渡涉及其年代，在從來之日本史上雖均列爲有史時代之史實，然此必爲天降民族及倭國建國以前之事實而無疑。換言之，秦氏滅亡固不出西紀前二〇六年，而秦氏之大擧由半島南下，沿山陰交通線而繁殖於近畿之中心地域者，似亦以西紀前二〇六年爲中心也。」

按栗山周一氏爲研究日本古代史中擁有相當權威之地位者，彼所主張之太古交通路線，亦謂由出雲至朝鮮慶州間亦有連絡，適與上述之日本海左旋回流路相同。彼所主張之秦人大擧東渡，爲天降民族及倭國建國以前之事實，其渡涉年代亦以秦亡時（西紀前二〇六年）爲中心，亦與徐福等秦人擧之東渡並無矛盾；並足證實利用日本海左旋回流之航路者，不僅徐福等秦人擧沿之東渡，直止秦亡時仍沿用之也。

栗山周一氏一方面主張秦人之大擧由半島南下，乃沿山陰之交通線而繁殖於近畿中心地域；一方面又謂：

「南方島嶼民族乃沿九州而定住，農耕在西紀前二世紀左右，其人民曾組織一原始國家……但在此時以前，又有由大陸經半島而一時定住於山陰，旋以人口漸多，其勢力遂以近畿爲中心、

而漸及於四國、中國、北陸及東海道方面之出雲民族。出雲民族與南方系馬來派民族異，非爲米食民種，乃爲大陸系民族。」(10)

是知日本史籍上所載之出雲民族，原不外渡至日本出雲之秦系大陸民族，亦卽考古學上之所謂銅鐸民族，只不過名異而實同耳。蓋秦人系大陸民族，經半島趁日本海流，東渡至山陰、出雲後，遂以出雲地名爲其族名，旋因人口增多，逐次東移，漸繁殖於近畿大和等地方。迄今秦姓諸氏，仍多繁殖於奈良、平安等地方者，乃其明證也。近據日本考古學者鳥居龍藏、喜田貞吉及梅原末治之研究：

「小形厚手流水紋之古型銅鐸，多發掘於山陰、北陸至畿內之間；而大形薄手袈裟襷紋之新型銅鐸，多發掘於畿內至東海道、南海道之間。」

此又爲秦人系大陸民族卽銅鐸民族之先定住於山陰等地方，然後漸東移至本州腹部諸地之良證也。

綜觀秦以前之中倭渡涉，往往利用日本海左旋回流，由半島漂至日本山陰地方，由銅鐸遺跡之分布狀態足證明之；此實爲中國民族及文化東渡之最古途徑也。惟當時猶在原始時代之日本列島，既無法利用此日本海之左旋回流路，而彼輩幼稚之航海術，又不能橫斷此汪洋無際之日本海，雖因日韓僅隔咫尺，間不免有渡至半島之倭人，但其所經由之途徑，尚缺乏確實史料及遺物遺跡等有以證實之也。

(1)見 A. W. Graban, Stratigraphy of China, Vol. I.

(2)見栗山周一氏之日本闕史時代研究第一章。

(3)見拙著日本民族考（西曆十月刊第四卷第十二期。）

(4)(5)見和田雄治之日本海流（歷史地理雜誌第二十卷第三四號。

(6)見尚書大傳及史記宋微子世家。尚書大傳『武王勝殷，釋箕子囚。箕子不忍周之釋，走之朝鮮。武王聞之，因以朝鮮封之。』

(7)宋呂祖謙之大事記：『周赧王三十三年，燕昭王遣方士入海求三神山。』

(8)見水野梅曉之日支交通之資料的考察（支那時報叢書第七輯）第三章。

(9)見拙著徐福與海流（師大月刊第十一期。）

(10)見栗山周一之日本闕史時代研究第三章。

第二章　兩漢與倭國之交通

漢武帝武功彰著，四夷震服，元封二年（西紀前一〇九年），舉兵伐朝鮮，大敗之，威震半島。翌年，置樂浪、臨屯、玄菟、眞番四郡以統轄之（1）；於是朝鮮中部以北，悉歸入漢代版圖，漢人移殖於其間者亦益夥，而往來於半島之倭人遂亦不免傳聞於漢廷矣。在漢書地理志中謂：

「夫樂浪海中有倭人，分爲百餘國，以歲時來獻見云。」

按前漢書乃後漢班固所撰，班固自永平中受詔，潛精積思二十餘年，至建和中乃成（2）；是知前漢書之成書年代，在永平與建初之間，即在西紀五十八年至八十年之二十餘年間也。當班固編纂漢書時，曾召詣校書部，典校祕書，朝廷所藏之書，似應閱覽無餘，然仍以傳聞可疑語句，如「以歲時來獻見云」一句，附於其後者，深恐朝廷所藏書中，關於倭人某年某月來獻見之確實記錄而無之；故班固不得不加以附會臆度之詞歟？班固既爲光武帝與和帝間之人，光武中元二年（五七年）

倭奴奉獻之事，班固應得與聞其事；惟因其爲後漢之事，而未能載之於前漢書記事中；故不得不附會記之，而於句末附以傳聞之辭『云』字歟？惟漢書關於倭人之記事，較前代之荒唐不實者，尙高出一籌；是斯時倭人與半島樂浪郡等地，已漸次開始交通之事，亦足藉此證實之矣。

後漢光武帝中興漢祚，國勢興隆，威震四方；夫餘、高句驪、韓、濊、倭、貊人等均相繼內屬。後漢書東夷傳序云：『遼東太守祭肜，威讋北方，聲行海表；於是濊、貊、倭、韓萬里朝獻。』後漢書光武帝紀東夷傳及祭肜傳，亦均載及韓、倭等朝貢之事。可知後漢時代，中倭之交通往來，較前明顯彰著，當無庸諱言也。後漢書東夷傳中曾載：

『倭在韓東南大海中，依山島爲居，凡百餘國。自武帝滅朝鮮，使驛通於漢者三十許國，國皆稱王，世世傳統。其大倭王居邪馬臺國。樂浪郡徼去其國萬二千里，去其西北界狗邪韓國七千餘里。……建武中元二年，倭奴國奉貢朝貢，使人自稱大夫，倭國之極南界也。光武賜以印綬。安帝永初元年，倭國王師升（3）等獻生口百六十人，願請見。』

按後漢書爲劉宋時之范曄所撰，猶較晉陳壽所撰之魏志晚百餘年；故其關於倭人之記事，雖較山海經等爲詳實惟其所根據之史料，則多基於魏志東夷傳而略加以改竄者；如後漢書東夷傳之『倭在韓東南大海中依山島爲居凡百餘國自武帝滅朝鮮使驛通於漢者三十許國』乃依魏志東夷傳之『倭人在帶方東南大海之中依山島爲國邑舊百餘國漢時有朝見者今使驛所通三十國』後漢書東夷傳之『樂浪郡徼去其國萬二千里』乃根據魏志東夷傳之『自郡至女王國萬二千里』而略加以改竄者。蓋漢武帝雖曾置樂浪等四郡於半島而尚無帶方郡之名，自後漢末公孫氏佔據遼東時，始將樂浪郡之一部設置帶方郡；故范曄撰後漢書東夷傳時，雖以魏志爲基本史料，而終不得不改『帶方』爲『韓』字，改帶方郡之『郡』爲『樂浪郡』也。又范曄依據魏志東夷傳之『女王國東渡海千餘里復有國皆倭種』而在後漢書中竟改爲『自女王國東渡海千餘里至狗奴國，雖皆倭種而不屬女王』；是復與原文之本旨不相合也。

然後漢書東夷傳之記事，並非僅據魏志一書者，魏志東夷傳中未載之史料，而反見於後漢書者亦有之；如後漢書東夷傳所載之光武帝中元二年，賜予倭奴國以印綬，安帝永初元年，倭國王師升等獻生口之事，魏志上全付諸缺如者，是也。

一七八四年二月，光武帝賜予倭奴國之金印，復發掘於九州之筑前志賀島，文曰：『漢委奴國王。』是光武中元二年倭奴國奉貢朝賀之事，由遺跡上及史料上均足一一證實，迥非山海經、前漢書上關於倭之傳聞記事所可比擬者矣。筑前福岡人青柳種麻呂之後漢金印略考中謂：

『天明四年（一七八四年）甲辰二月二十三日戊申，一農夫耕於筑前國那珂郡志賀島之南邊叶崎田中巨石，一因礙於耕耘，乃掘除之，其下有三石側立，似圍繞一物，農夫怪之，乃以鍬除其土，開土中有落物聲，取視之，則見有金印一顆。農夫初尚不知其爲何物，後始知爲金印，乃獻於國廳。實係黃金方七分八釐，厚三分，蛇紐高四分，重二兩九錢，其文曰「漢委奴國王」，白文，篆體奇古。其爲千古之物，固勿待論矣』（4）。

三宅米吉之漢委奴國王金印僞作說之批評（5）中，對於松浦道輔之漢委國王金印僞作辨之論評，謂：

『學古編漢晉諸印大不踰寸，惟異其鈕，以別主守之上下，諸侯王印橐駝鈕，列侯龜，將軍虎，蠻夷蛇虬駝兎之屬，其字皆白文。今此金印之蛇鈕白文，適與漢代制合。又印藪歷代印文皆不稱代，惟所賜蠻夷印咸稱代此金印文首之冠以「漢」字者，亦正與舊儀相合。漢舊儀之印璽，亦並非必加以「之璽」「之章」等字樣。故道輔所舉僞作之證，皆由不穿鑿而起之強辨，毫無價值者也。』

是知九州志賀島所發掘之金印，確爲光武帝所賜予，而非後人所僞作者，此則爲日人所公認者也。至關於『漢委奴國王』金印之解釋問題，在日本學者方面有兩種說法：一種爲三宅米吉氏所主張之應作『漢之委之奴國王』解釋，卽認定倭（按倭與委通用）爲日本全島之總稱，奴國爲其中之一小國，在今九州筑前儺縣地方，其考證詳見於漢委奴國王金印僞作說之批評中；一種爲稻葉君山等所主張之應作「漢之委奴國王」解釋，卽以委奴讀作"Yadu"乃"Yamato"音之急聲，與大和（日本人讀大和爲"Yamato"音）相當，其考證詳見於漢委奴國王印考中。此兩種解釋之差異點，一則主張使臣爲奴國國造所遣，一則主張爲大和朝廷所爲；惟對於光武帝時代中日確有使節往來，則均未加以否認也。

內藤虎次郎博士之倭面土國中（6），主張後漢安帝永初元年貢獻生口之倭國爲倭面土國，其所根據之理由：

『古版後漢書及通典等，並未僅載「倭國」二字；如日本書紀纂疏所引東漢書中則爲倭面上國國王師升，釋日本紀開題所引後漢書中，則爲倭面國，唐類函邊塞部倭國條所引通典中，則爲倭面土地王師升，異稱日本傳所引通典中，則爲倭面士地王師升，圖書寮所藏北宋版通典中，則爲倭面士國王；是知倭面上爲倭面士之誤，倭面士並應讀作"Yamato"（大和）。』

橋本增吉之在支那史料上顯露出來之日本上代中（7），亦贊成內藤博士之倭面士國說。原版後漢書，果如內藤博士及橋本氏所考證之爲倭面士國，則安帝時，後漢與倭面士國確有正式使節往來，而無疑也。一般日本學者，關於『倭面士國』之解釋，多依三宅米吉解釋『漢委奴國王』印之法，而解作『倭之面士國。』惟面士國之所在地，究在何處？則無由考證。魏志東夷傳所載倭女王屬國三十國之中，尚有奴國之稱，而無面士國之名，尤不能不令人懷疑。內藤虎次郎及稻葉君山氏對於倭面士國之解釋，曾主張『倭』字之古音與『移』字古音同，均讀作"Ya"（見詩經爾雅等書中），倭面士乃魏志上耶馬臺國之舊稱，應讀作"Yamato"，與大和（日本人讀大和爲"Yamato"音）相當；此種主張，正與北史卷九四：

『耶馬臺國卽倭王所都，漢光武時遣使人朝，自稱大夫。安帝時又遣使朝貢，謂之倭奴國。』不期而同，誠較主張「倭之面土國」者高出一籌也。綜觀後漢書東夷傳所載之倭奴國及倭面土國，果如內藤虎次郞及稻葉君山所主張之均爲魏志上耶馬臺國之舊稱，與大和"Yamato"相當(8)，則後漢時中倭兩國確已有正式使節往來交通矣。光武帝賜予之漢委奴國王金印近已發掘於九州筑前，則與後漢往來之倭人，似應居住於日本九州者。後漢書東夷傳中旣稱『倭在韓東南大海中』，復稱『其大倭王居耶馬臺國，樂浪郡徼去其國萬二千里』；然則其入貢於漢所經由之道路，當不外由其所居住之九州北行，經朝鮮而至後漢京師也。

更就考古學上遺物遺跡考察之，在梅原末治之銅劍銅鉾(9)中，曾謂：

『北九州發掘之銅劍銅鉾，在西紀前後二三世紀間已製造使用之，乃由中國經過朝鮮，漸次傳入於北九州者。其分布地域，殆以北九州爲中心，南及於大隅，迤東亦稍波及於四國及本州西部，就中以九州之筑前博多灣沿岸分布最密，近發掘者已達二十二處，八十五口。次爲對馬島，迄今發掘者達十七處，五十九口。在九州筑後發掘者達十五處，四十八口。在九州豐後發掘者十二處，四十三口。且在北九州發掘之銅劍銅鉾中，其鋒銳而利，備具中國製品之風味者不少；惟至深入日本內地，則多鋒寬而鈍不實用之大形。至對岸朝鮮方面，以弁辰之故地，即今慶尙道發掘之銅劍銅鉾較多，計三處十一口』

果梅原氏之研究調查正確無誤，則由我國文化所產生之銅劍銅鉾，當在西紀前後二三世紀，經朝鮮南部及對馬島等而至九州北部諸地。即此足可推知當時中倭交通路線，乃由九州經對馬島等而至朝鮮，更由朝鮮而至中國者也。蓋當後漢時代，造船術日趨發達，倭人之航海術亦逐漸進步；故由九州北上，經對馬、壹岐諸島，不難渡至朝鮮，似不必專憑自然海流之漂渡也。

漢倭交通路

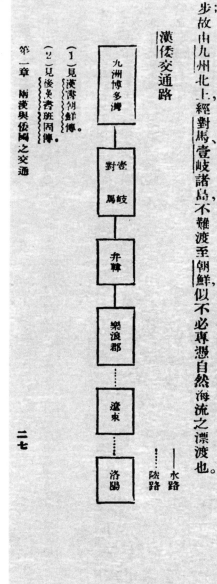

——水路
……陸路

(1)見漢書朝鮮傳。
(2)見後漢書班固傳。

(3)日本學者太田亮氏，主張永和元年入貢於後漢之倭國王帥升，與日本第五代孝昭天皇相當；詳見日本古代史新研究第七編第四章中。

(4)關於金印之發見狀况，有謂志賀島農夫甚兵衛，在叶崎田間修通溝渠時而發見者詳見筑前舊志略及福岡崇福寺住侶譚月之詩集等（考古學雜誌第五卷三號）中。

(5)見史學雜誌第三編第三十七號。

(6)見藝文第二年第六號。

(7)見史學雜誌第六卷第二號。

(8)見拙著倭國考（師大月刊三十二週年紀念專號）中。又辻善之助之海外交通史話第二章中，亦主張光武帝賜予之金印，乃贈送大和朝廷者。

(9)見史林第八卷第二號。

第三章　魏倭交通

三國時代，魏遣司馬懿征遼東公孫淵，斬淵父子，傳首洛陽。復潛軍浮海，收帶方、樂浪等地，威震半島，海表謐然，東夷屈服(1)；於是倭女王國遣使朝貢，魏倭交通因之興起。按倭女王之遣使入貢，始於魏明帝景初三年（二三九年）(2)，此後九年間，倭使入貢者，計前後四次，魏亦遣使入倭者二次，中倭交通遂頓呈頻繁之狀焉。至當時魏倭往來之狀況，如次(3)：

第一次倭使入貢　魏景初三年（二三九年）六月，倭女王卑彌呼遣大夫難升米等獻生口方物。

第一次魏使入倭　魏正始元年（二四〇年），魏明帝遣梯儁等奉詔書印綬詣倭國王，并齎詔，賜金帛錦罽刀鏡采物。

第二次倭使入貢　魏正始四年（二四三年），倭女王卑彌呼復遣使大夫伊聲耆掖邪狗等八人，獻生口方物。

第三次倭使入貢　魏正始八年（二四七年），倭女王卑彌呼與狗奴國男王卑彌弓呼素不和，遣倭載斯烏越等詣郡，說相攻擊狀。

第二次魏使入倭　魏正始八年，魏遣張政等因齎詔書黃幢(4)，拜假難升米，爲檄告喩之。

第四次倭使入貢　魏正始八年，倭女王壹與遣倭大夫率善中郎將掖邪狗等二十人送政等還，因詣臺獻生口及白珠等珍物。

魏倭交通往來既如此頻繁，其所經由之交通路綫，據魏志東夷傳所載，概不外如左列所示之行程：

「從郡至倭，循海岸水行，歷韓國，乍南乍東，到其北岸狗邪韓國，七千餘里。始渡一海，千餘里，至對馬國。又南渡一海千餘里，名曰瀚海，至一大國。又渡一海，千餘里，至末盧國。東南陸行五百里，到伊都國。東南至奴國百里。東行至不彌國百里。南至投馬國，水行二十日。南至邪馬臺國，女王之所都，水行十日，陸行一月。自郡至女王國，萬二千餘里。」（摘錄原文）

上列自帶方郡經狗邪韓國、對馬、一大國、末羅國、伊都國及奴國，至不彌國之行程，經一般學者就下列地名及方位等考證之結果，大體堪稱一致。即：

狗邪韓國　魏志東夷傳弁辰條，有弁辰狗邪國，其國為弁韓十二國之一，蓋即倭人傳中之狗邪韓國。朝鮮史籍上之伽邪國，日本史籍上之加羅國，均與此相當，即今之朝鮮金海地方，乃為由韓渡日所必經之要津也。故郡使由帶方郡（即今朝鮮京畿道南部）循海東南行，卒至狗邪韓國。

對馬國一大國　魏志上之對馬國，宋本三國志作對海國，誤也。按對馬國即今之對馬島，一大國乃一支國之誤，由北史及梁書之記事，足證明之，即今之對馬壹岐兩島也。對馬壹岐兩島位於半島與九州之間，故為郡使由韓渡日必經之途徑也。

末羅國伊都國　魏志上之末盧國，與古事記上之筑紫末羅縣，及日本書紀上之肥前松浦縣相當，即今九州之肥前松浦郡(5)，迄今仍為日韓船舶往來之碇泊要地。伊都國即古事記上之筑紫伊覩縣，乃今之筑前怡土郡。故郡使自對馬、壹岐南行渡海，至九州肥前之松浦登岸，再陸行至筑前怡土郡，此乃為郡使常駐之地。

奴國不彌國　魏志上之奴國，與日本書紀上儺縣相當，卽今筑前那珂郡博多地方。不彌國卽應神天皇誕生地之筑前宇彌，間亦有主張在筑前之太宰府附近者，俱爲當時要地也故郡使由九州筑前之怡士郡，向東南陸行可至筑前那珂郡；再東行遂至筑前之宇彌地方。

惟自不彌國以下，經投馬國至邪馬臺國之行程，學者議論紛歧，莫衷一是。若就方位言之魏志旣云由不彌國南至投馬國，水行二十日；南至邪馬臺國，女王之所都，水行十日，陸行一月；然則投馬國與邪馬臺國，當均在不彌國卽今九州筑前之宇彌地方之南，仍不出九州範圍。內藤虎次郎博士之卑彌呼考（6）中，極力主張『南至投馬國』之『南』字，及『南至邪馬臺國』之『南』字，均爲『東』字之誤，而將邪馬臺國，強作東方畿內、大和說者，似屬勉強。

再由里數及日數上考察之，據魏志東夷傳所載之由帶方郡至不彌國之里數，共計一萬七百里；同書又載自郡至邪馬臺國爲萬二千餘里。是則自不彌國至邪馬國當爲一千三百里。若將此里數合成現在里數推測之，或亦可爲測定邪馬臺國方位之助。據白鳥庫吉博士之里數考證（7），魏志東夷傳之一里約合日本一町左右，自郡至不彌國之一萬七百里，約當現在日本二百九十里，亦卽合現在中國一千九百七十七里。則自不瀰國至邪馬臺國之一千三百里，約當現在中國二百四十五里。換言之，邪馬臺國之所在應求之於不瀰國南二百四十五里之地域方爲合理。但魏志所載之由不瀰國向南水行二十日，又水行十日陸行一月，始至邪馬臺國者，究在此僅僅二百四十五里之路程中何得有水行三十日及陸行一月之行期耶？且一般學者既認定不瀰國在九州筑前地方，則不瀰國之南，當爲廣大陸地所包圍，並不通任何河川，又何得云從不瀰國往南『水行二十日』又『水行十日』耶？

吾人試平心靜氣以思之，自郡至不瀰國，歷經數國，各國間之距離皆詳載里數；惟自不瀰國以下，里數則付諸缺如，僅以水行陸行之日數，塡補之而已。然則此塡補之日數，究確實可信乎？此則不得不加以考證與檢討者也。

魏志東夷傳既多取材於魏略，而張楚金所撰之翰苑，其中所引魏略本文，無『水行二十日』與『水行十日陸行一月』語句，按魏略一書今雖散佚，翰苑所引尙足徵信；原本之魏略旣未有水行陸行之日數記載，是知魏志作者必別採其他史料而無疑。當倭女王卑彌呼時代，魏使入倭者前後二次魏使入倭之見聞錄，當爲魏志所根據史料之一。按第一次遣倭使梯儁等一行在魏正始元年（二四〇年），適當卑彌呼女王健在時，若魏使梯儁等果親至邪馬臺國，以上國大使之資格，必得親見女王，即使不能，亦必得見其佐治國之男弟，方爲合理。果能親見此善事鬼道之女王或其佐治國之男弟，當必作一篇精詳文字以描寫之。惟反觀魏志所載彼等之眞實姓名，魏使尚不得知，僅以空疎之官僚式文字，如『以婢千人自侍……宮室樓觀城柵嚴設，常有人持兵守衛』等，非寫實文字形容之；足證梯儁等不但未見女王及其弟，即女王所都之邪馬臺國恐亦未至。彼等一行僅到伊都國爲止，最大限度恐不能過不彌國。試觀魏志上所載投馬國之五萬餘戶，邪馬臺國之七萬餘戶等，就此龐大不實之戶數觀之，益足證實以上觀察之不謬也。梯儁等既未至邪馬臺國，則至投馬國之里數當非所知，自不能不付諸缺如。故以『水行二十日』與『水行十日陸行一月』塡補於投馬國及邪馬臺國之下者，實非梯儁等所爲，乃魏志作者強引第二次遣倭使張政等之見聞錄，加以改竄而成者也。

按遣倭使張政等一行，後於梯儁等之入倭者八年，若就魏志東夷傳：

『卑彌呼以死，大作冢，徑百步，殉葬者奴婢百人。更立男王，國中不服，更相誅殺，當時殺千餘人。復立卑彌呼宗女壹與，年十三爲王，國中遂定。政等以檄告喩壹與，壹與遣倭大夫率善中郎將掖邪狗等二十人，送政等還，因詣臺，獻上男女生口三十人。』

觀察吟味之，張政等旣以檄諭倭女王壹與，壹與幷遣倭大夫送張政等還，則張政等一行曾親到邪馬臺國，可斷言也。張政等旣親到邪馬臺國，當必有一番行程記錄，而魏志所載由帶方郡至對馬國水行二十日，由對馬國至邪馬臺國水行十日陸行一月之行程記錄，深恐乃張政等所爲也。但魏志作者竟將『對馬』誤視作『投馬』，又見梯儁等之見聞錄中不彌國以下之里數均付諸缺如，遂將張政等之見聞錄中「水行二十日」一句，塡補於投馬國之下，以『水行十日陸行一月』一句，塡補於邪馬臺國之下；於是邪馬臺國大和說與邪馬臺國九州說之對立基因，由此胚胎矣。

果明乎此，則邪馬臺國之所在，就上面方位里數及日數上考證之結果，當在不彌國以南之地，卽今九州肥後北部地方。投馬國乃在今九州之筑後三瀦郡地方。蓋據日本古代人口戶數之調査，在九州全土以肥後北部菊池郡山門鄉之戶數爲最密，日本古文獻之和名抄上已載有『肥後山門鄉』之名；故此山門鄉或爲當時邪馬臺國女王所都之地。又『山門』二字之日本讀法爲"Yamato"，音亦與魏志上『邪馬臺』音類同；蓋當魏使入倭之時，倭人尚無文字，當時雖有"Yamato"地名之音，而無文字以塡補之，故魏使不得不依"Yamato"音而譯作邪馬臺國。至於投馬國之名，亦因筑後三潴郡之日本讀法而譯成者也(8)。

至若魏志上所載之倭女王卑彌呼，日本書紀作者曾以日本神功皇后比定之；本居宣長氏以九州熊襲女酋比定之(9)；內藤虎次郎博士以邪馬臺國比定大和國，以卑彌呼比定大和朝廷之倭姬命(10)。就余考證之結果(11)，九州邪馬臺國乃近畿大和國之前身，與其以卑彌呼比定神功皇后，無寧以卑彌呼比定天照大神（日靈尊）；蓋日本神話基礎殆建築於魏志倭人傳之上；魏志所載列島上之倭人記事，乃神武天皇東征以前之史事故也。

由是可知在三國時代，中倭之交通往來，乃由朝鮮帶方郡南下，經對馬、壹岐而至九州肥前之松浦，登岸經筑前怡士郡及那珂郡等地方，而至肥後之倭女王國。在此中倭之交通路上，自魏景初三年（二三九年）以降九年間，魏使與倭使正式往來者，魏志上已載有六次之多，其未載諸史籍者，當更不知凡幾；足證三國時代，中倭人士往來於此交通線上之頻繁也。

至若當時由朝鮮帶方郡至魏都洛陽，其所經由之途徑若何？魏志上未曾明載。若就當時之情形及文獻通考之記事觀之，似由帶方郡經遼東陸行至洛陽者。據元馬臨之文獻通考卷三二四四裔考：

「按倭人自後漢始通中國……其初通中國也，實自遼東而來，故其迂迴如此。至六朝及宋則多從南道。」

當足證明乃經由遼東而至洛陽者；蓋當時航海術尚未發達，海路猶不如陸路之安全。且魏自滅公孫氏併樂浪等郡後，威震半島，更無敢有作陸路交通之阻梗者也。

魏倭交通路

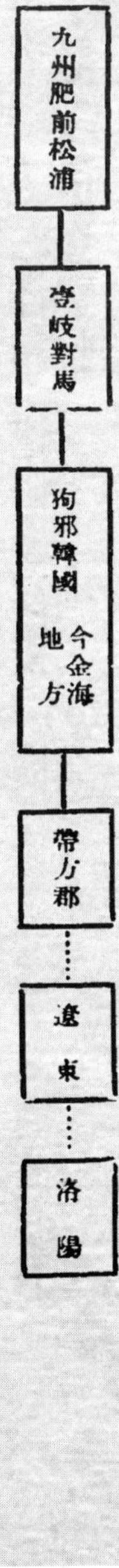

(1)見魏志東夷傳及同書公孫度傳。

(2)據內藤虎次郎博士之考證（見藝文第一年第二至第四號之卑彌呼考一文），魏志東夷傳所載之景初二年六月，爲第三年六月之誤。蓋景初二年八月，司馬懿始斬公孫淵而平樂浪等郡，及至此事盛傳於韓倭，倭女王因畏懼而遣使奉貢者，當爲翌年六月事也。

(3)見魏志東夷傳。

(4)魏正始六年（二四五年），魏詔賜倭難升米黃幢，付郡假授。至正始八年，魏使張政等始齎詔書黃幢至倭國。

(5)日本人讀「松浦」爲"Matsura"者，各與魏志上之「末盧」音類同。

(6)(10)見內藤虎次郎之卑彌呼考（藝文第一年第二至第四號）

(7)見白鳥庫吉之卑彌呼女王考（東亞之光第五卷第六七號。）

(8)日本人讀「三潴」爲"Mitsuma"音，而「三」字讀作"Mi"音，與「御」字讀法同，有冠辭之意；「潴」字讀作"Tsuma"，魏人遂依此"Tsauma"音而譯作「投馬」國矣。

(9)見本居宣長之馭戎慨言。

(11)見拙著邪馬臺國方位考（師大月刊第十八期。）

第四章 南朝與大和朝廷之往來

三國以降迄至南北朝，不惟我國政治上呈割裂紊亂之狀，而東瀛列島因統一戰爭，亦發生混亂狀態。按倭女王最後入貢之年（二四七年）以降十八年間中倭往來全然斷絕。至晉泰始二年（二六六年）始有晉書武帝紀『倭人來獻方物』之事。惟晉書所載之倭人是否仍指倭女王國而言？抑或指狗奴國而言？因其文辭空疎，實無由測知焉。然若由魏志東夷傳中之『倭女王卑彌呼與狗奴國男王卑彌弓呼素不和』，及『復立卑彌呼宗女壹與年十三爲王，國中遂定』觀察吟味之；則知倭女王國之素敵爲狗奴國(1)，當卑彌呼女王全盛時代，尚能與狗奴國相抗，惟自卑彌呼死後，其年方十三歲之壹與繼立時，恐非狗奴國之敵，不得不求躲避一時，而實行東遷矣。倭女王國（卽邪馬臺國）東遷之結果，九州諸部落殆爲狗奴國（卽今熊襲部族）所兼併，而執九州牛耳之狗奴國，遂以其餘勢入貢於晉，俾藉大國之威，而控制諸部落；故晉書有倭人入貢之記事。但此時之邪馬臺國，因受熊襲壓迫，遂漸向東遷，即日本史籍上之所謂神武天皇東征是也。

按神武天皇東征一事，雖其事蹟過於神話化，惟其物語中核即統一列島之力乃來自九州者之事實，不能一筆抹殺。和辻哲郎氏（2）謂：

『在筑紫地方急激發展之勢力於西紀三世紀前後，東移至大和，遂以此爲中心，統一關東平野以西全部。』

是知統一畿內大和者，似不外九州邪馬臺東遷之結果，因都於九州邪馬臺之倭政府遂次東遷，故與當時盤據於畿內大和之秦人系大陸民族（即銅鐸民族）衝突，其結果卒歸比較野蠻之倭政府勝利。（但在文化上，却爲秦人系大陸民族所同化。）倭政府妄自尊大，旋自加『大』字於『倭』字之上，而稱曰『大倭』。嗣又察知大倭之倭字不雅，且與『和』字諧音，遂由『大倭』改爲『大和』，大和政府遂告確立（3）。

按日本記紀中，有神武垂仁倭武尊東征之事；景行仲哀二帝亦有西征之事。宋書蠻夷傳中，宋順帝昇明二年（四七八年），倭王武（即雄略天皇）上表文中，亦載：

「自昔祖禰，躬環甲冑，跋涉山川，不遑寧處，東征毛人五十五國，西服衆夷六十六國，渡平海北九十五國。」

是知大和朝廷之統一戰經東征西討之結果，蝦夷熊襲始行平定。至大和朝廷之統一列島，據假定年代計算法及和辻哲郎等（4）考證之結果，概不出西紀四世紀前半。列島統一後，更經數十年間之休養，爲滿足其擴張慾起見，遂於西紀三九一年（辛卯年）（5）渡海西侵與高句麗百濟新羅演出十餘年間之長期戰。據高句麗好太王碑所載：

「百殘新羅舊是屬民，由來朝貢，而倭以辛卯年來渡海，破百殘□□□羅，以爲臣民。以六年丙申，王躬率水軍討利殘國……十四年甲辰，而倭不軌，侵入帶方界。」

此即大和朝廷自辛卯年（三九一年）以來渡海西侵之寫實文字也。自三九一年至四○七年（丁未年）之十六年間，倭與高句麗爭奪南鮮，因忙於戰爭，不暇入貢中國；故此十餘年間，中國史籍中亦未載及彼等之史事。直至晉義熙九年（四一三年），晉書安帝紀始載出倭國與高句麗等并獻方物之事。蓋此時倭國與高句麗等久戰均疲，暫維和局，而相率入貢者也。

自是以降，倭國與高句麗依然對峙半島，屢處於敵對地位。日本欲假大國之聲威，以控制高句麗，故屢通聘於南朝。據宋書倭國傳等所載，劉宋約六十年間（四二〇至四七八年），倭使入貢者，前後凡十次，即：

第一次入貢　宋高祖永初二年（四二一年），倭王讚遣使修貢。

第二次入貢　宋太祖元嘉二年（四二五年），讚又遣司馬曹達奉表獻方物。

第三次入貢　宋太祖元嘉七年（四三〇年），倭國王遣使獻方物。

第四次入貢　讚死，弟珍立，永嘉十五年（四三八年），倭國王遣使獻方物，詔除安東將軍倭國王。

第五次入貢　元嘉二十年（四四三年），倭國王濟遣使奉獻，復以爲安東將軍倭國王。

第六次入貢　元嘉二十八年（四五一年），安東將軍倭王濟進號安東大將軍。

第七次入貢　宋孝武帝大明四年（四六〇年），倭國遣使獻方物。

第八次入貢　濟死，世子興遣使貢獻。孝武帝大明六年（四六二年），詔授興安東將軍倭國王。

第九次入貢　興死，弟武立，昇明元年（四七六年）倭國王遣使獻方物，詔除安東大將軍倭國王。

第十次入貢　宋順帝昇明二年（四七八年）倭王武遣使上表，並獻方物，詔除武使持節都督倭、新羅、任那、加羅、秦韓、慕韓六國諸軍事，安東大將軍倭王。

齊代宋興，齊高帝開國之年（四七九年），更進封倭王武爲鎮東大將軍(6)。梁武帝開國時，亦仿齊高帝之成規，進倭王武爲征東大將軍。惟梁武帝即位時爲五〇二年，已距倭王武（雄略天皇）歿後十三年，故梁書東夷傳所載武帝册封倭王武事不足信也。

宋書所載入貢於宋之倭王讚、珍、濟、興、武，據吉田東伍及松下見林等(7)依日本天皇在位年代順序及諱名上考察之結果，亦可得下列結論：

讚（仁德天皇）　吉田東伍博士謂讚即仁德天皇諱『大鷦鷯』之譯音。

珍（反正天皇）　松下見林謂反正天皇諱『瑞齒別』，『瑞』『珍』字形似，故訛曰珍。

濟（允恭天皇）　松下見林謂，允恭天皇諱『雄朝津間』，因『津』『濟』二字義形相似，故訛爲濟。

興（安康天皇）　松下見林謂，興卽安康天皇諱穴穗別之『穗』字之訛。

武（雄略天皇）　松下見林謂，武卽雄略天皇諱『大泊瀨幼武』之略稱

按日本史籍上第十六代仁德之後爲履仲、爲反正、爲安康、爲雄略諸帝；而宋書及梁書倭國傳所載，讚死立弟珍，珍死立子濟，濟死立子興，興死立弟武；是宋書梁書均遺漏履仲一帝也

中國史籍所載倭使通聘事，其可考者雖不過十次，至其非正式貢使之往來，未載諸我國史籍者，尙不知凡幾也。按南北朝承三國之後，開隋唐之前，在此時期之中國文化東漸過程中，深予日人以深刻之刺戟者，爲漢學與工藝技術之傳入及佛敎之輸入。此三者多經由百濟東渡，惜我國史籍上多付諸缺如，故不得不徵之於日本史籍中。

一、漢學之傳入

據日本記紀所載，關於漢學東漸之記事，不外：

(1)應神天皇十六年(8)，百濟阿直岐薦王仁博士渡來，獻論語十卷千字文一卷、

(2)繼體天皇七年(梁武帝天監十二年)，百濟貢五經博士段揚爾，後以高安茂代之。

(3)欽明天皇十五年(梁元帝承聖三年)，百濟獻五經博士王柳貴、馬丁安、易博士王道良，醫博士王保孫、曆博士保深，並獻醫卜曆算諸書。

二、工藝技術之傳入

日本書紀應神記及雄略記所載此時關於工藝上對華交通之記事則爲：

(1)應神天皇三十七年(9)，遣阿知使主、都加使主通吳，令求縫工女。吳王予工女兄媛、弟媛、吳織、穴織四婦女還。

(2)雄略天皇八年(宋孝武帝大明七年)二月，遣身狹村主、檜隈民使博德使於吳國。十年九月，身狹村主等攜吳所獻二鵝抵筑紫。

(3)雄略天皇十二年(宋明帝泰始三年)四月，身狹村主青與檜隈民使博德出使於吳。十四年正月，身狹村主青等，共吳使攜吳所獻手末才伎漢織、吳織及衣縫兄媛、弟媛等，泊於

住吉津。

此等記事雖不能盡視作金科玉律，惟南朝時，我國手工業者隨往來使者之東渡，殆無庸諱言。至所謂『吳國』者，並非孫權之吳國，乃指南朝劉宋而言，此則爲一般學者所公認者也。

三、佛教之輸入

（1）繼體天皇十六年（梁武帝普通三年），南梁人司馬達等至，結草堂奉佛，歸依禮拜。（見元亨釋書及扶桑略記。）

（2）欽明天皇戊午年（梁武帝大同四年），百濟國聖明王始奉虔佛像經教（見法王帝說。）

（3）欽明天皇十三年（梁元帝承聖元年），百濟聖明王遣西部姬氏達率怒唎斯致契等獻釋迦佛金銅像一軀，幡蓋若干，經論若干卷。

（4）敏達天皇六年（陳宣帝太建九年），百濟王再獻經論若干卷，並律師禪師比丘尼咒禁師造佛工匠等六人。同八年（陳太建十一年），新羅遣枳叱政奈末進調，並送佛像。同十三年（陳後主至德二年），百濟鹿深獻彌勒石像，於蘇我馬子，馬子作殿宇於石川安置之。

(5)崇峻天皇元年(陳後主禎明二年),百濟使僧惠實等九人獻舍利及迦藍鑪盤瓦畫諸工。(以上逐年代順序摘錄日本書紀)

南北朝時,印度佛教極盛行於我國,尤以南朝爲最。故佛教亦隨往來使者,由百濟渡至日本。梁代末葉,佛教傳入日本後,經迎佛派與拒佛派衝突之結果,蘇我氏迎佛派卒獲勝利;故至陳代,佛教已流行列島,澤被亞洲諸國矣。按佛教勢力之影響於亞洲,猶耶教勢力之影響於歐洲,亞洲諸國間信使之往還,文化之傳播等,多緣於佛教上之維繫;中日兩國文化之所以能連爲一氣者,亦實以儒佛兩教之力爲最多也。

當時半島形勢,依然三國分立,高麗雄視於北,新羅盤據於東南,百濟位於西南,其南鄰任那,則爲日本勢力範圍地。百濟因國力弱小,屢受高麗新羅之迫害,勢不得不乞援於日本,以冀苟延殘喘於一時,而其遣使獻五經博士及金銅佛像等,以求媚於日本,此亦外交上不得已應採之手段,原未可厚非也。惟其遣使奉獻於日本之結果,我國漢學工藝及印度佛教等,遂以百濟爲仲介者,傳入日本列島矣。

南朝與大和朝廷之往來，既如此其繁，其所經由之交通路線，史籍上輒恆不多見；在宋書蠻夷傳所載之倭王武（雄略天皇）上表文中僅謂：

『道經百濟，裝治船舫，而句驪無道，圖欲見吞，掠抄邊隸，虔劉不已，每致稽滯，以失良風。』

在日本書紀雄略紀中亦僅載：

『十年九月戊子，身狹村主等將吳所獻二鵝到筑紫。……十四年正月戊寅，身狹村主青等共吳國使將吳所獻手末才伎漢織吳織及衣縫兄媛弟媛等，泊於住吉津。』

大和朝廷通聘於南朝之路，則曰道經百濟；由南朝返國時，一則曰到九州筑紫，一則曰泊於畿內之住吉津。由是可知南北朝時，大和朝廷通聘之路，概由畿內難波之住吉津解纜，沿瀨戶內海至九州筑紫，再北經對馬壹岐至朝鮮百濟，更由半島而渡至南朝者。當時日人之所以未由九州筑紫，橫渡東海而至宋都建康者，蓋以當時航海術尚未充分發達，恐生意外危險故耳。

至於由百濟至中國所經由之途徑，是否仍如三國時，經遼東而陸行至我國內地？抑或橫斷黃海而至中國？據當時之情形推測之，在南北朝時代，高麗雄峙於半島，爲爭半島南部，恆與日本相鬪爭，而爲日人通聘之梗；此則於上述宋書蠻夷傳所載倭王武上表文中之記事足證明之。且當時遼東亦非中國直轄領地，通聘於南朝之日人勢不得不由百濟橫斷黃海，沿山東江蘇海岸渡至宋都建康，故頗迂迴不便也。

南朝與大和朝廷交通路

難波住吉津 ——（經瀨戸内海）—— 筑紫松浦 —— 壹岐對馬 —— 百濟 ——（橫斷黃海沿山東江蘇海岸）—— 建康

（1）魏志上所載之狗奴國，即今熊襲部族。太田亮之日本古代史新研究中謂：「狗奴」之古音爲"Kunu"，因語尾之變化而演變爲"Kuma"（球磨），後更添加語尾而變爲"Kumasoo"（球磨噌唹）（據肥前風土記及豐後風土記所載），恰與「熊襲」之日本讀法（日人讀「熊」爲"Kuma"音，「襲」爲"soo"音）相同，故得證明魏志上之狗奴國，即今熊襲部族也。

（2）見和辻哲郎氏之日本古代文化第一章。

（3）詳見拙著倭國考（師大月刊三十二週年紀念專號）。

（4）見和辻哲郎氏之日本古代文化第一章，及拙著日本建國年代考（師大月刊第十四期）。

(5)高句麗好太王碑中曾載:「倭以辛卯年來渡海,破百殘……」此辛卯年究屬何時?據一般學者考證之結果,晉義熙十年為甲寅年,則此辛卯年,當為晉太元十六年,即西紀三九一年也。

(6)見齊書東夷傳。

(7)見吉田東伍之日韓古史斷及松下見林之異稱日本傳。

(8)(9)日本史籍之記事年代,自第三十三代推古帝遣小野妹子入隋(隋大業二年)以降,始與中國史籍年代相符合;推古帝(五九三至六二八年)以前之記事年代,殆荒誕不足信。故日本書紀所載第十五代應神帝年代,亦延長八九十年。近太田亮氏之日本古代史新研究中,曾主張應神天皇十六年,約當東晉寧康元年,應神三十七年,約當東晉太元二十年,此頗足供吾人參照。

第五章　隋日交通

南北朝末葉，割裂紊亂，國威凌夷，日本貢使遂絕。迨至隋文帝統一全國，兵威遠達遼東，高麗百濟相繼入貢；於是日本亦有使節之派遣焉。有隋一代，僅歷三主二十八年（五八九至六一七年），日使入隋者四次，隋使至日者一次；於是我國燦爛文化遂盛傳於日本列島矣。

第一次遣隋使　隋書倭國傳：「開皇二十年（六〇〇年），倭王姓阿每，字多利思比孤，號阿輩鷄彌，遣使詣闕。上令所司訪其風俗。使者言：倭王以天爲兄，以日爲弟，天未明時，出聽政，跏趺坐。日出便停理務，云委之我弟。高祖曰：此大無義理。於是訓令改之。」北史東夷傳亦有與此相同之記事。但日本學者因此事未載諸日本史籍，主張非大和朝廷所爲，乃邊藩豪族或在韓之日本鎮將所爲者(1)。然隋書記事正確，所載倭王遣使詣闕一節，不論是否爲大和朝廷所爲，然此爲隋與日本列島通使之始，可斷言也。

第二次遣隋使　隋書倭國傳：『大業三年（六〇七年），其王多利思北孤遣使朝貢使者曰：聞海西菩薩天子重興佛法，故遣使朝拜，兼沙門數十人來學佛法。其國書曰日出處天子致書日沒處天子，無恙。』日本書紀推古紀，亦謂十五年（隋大業三年）七月，聖德太子遣大禮小野妹子與通事鞍作福利使隋。一般日本學者往往以此爲中日正式國交之始，其實日本之通聘於我國久已行之，已如上章所述；特不過此時對隋固持對等國交態度，與以前之所謂貢使外交者不同，在日本外交史上，僅開一新紀元耳。

隋使答禮　隋煬帝爲招致外藩及誇揚中國文化計，乃遣文林郎裴世清(2)等十餘人隨小野妹子使於日本。次年（大業四年）四月，抵九州筑紫，日皇遣難波吉士雄成（隋書作小德阿輩臺）從數百人設儀仗鳴鼓角來迎。後十日又遣額田部比羅夫（隋書作大禮可多毗）從二百餘騎郊勞。既至彼都，日皇與世清相見，大悅曰：『我聞海西有大隋禮義之國，故遣朝貢。我夷人僻在海隅，不聞禮義，是以稽留境內，不卽相見。今故清道飾館以待大使，冀聞大國惟新之化。』世清答曰：『皇帝德並二儀，澤流四海，以王慕化，故遣行人來此宣諭。』（見隋書倭國傳。）因進國書曰：

『皇帝問倭皇，使人長吏大禮蘇因高（3）等至，具懷。朕欽承寶命，臨御區宇，思宏德化，覃被含靈，愛育之情，無隔遐邇。知皇介居海表，撫寧民庶，境內安樂，風俗融和，深氣至誠，遠修朝貢，丹款之美，朕有嘉焉。稍暄，比如常也。故遣鴻臚寺掌客裴世清，指宣德意，并送物如別』（4）。

未幾，世清就館，款待優渥，日皇問聖德太子曰：『書辭何如？』太子對曰：『天子賜諸侯書式也；然稱皇稱帝，其義一也，宜答書報之。』其後，世清遣人告曰：『朝命既達，請卽戒途。』於是設宴享以遣世清。

第三次遣隋使　隋大業四年（推古天皇十六年）九月，隋使裴世清自難波啓程歸國，日皇遣小野妹子爲大使，大禮吉士雄成爲小使，鞍作福利爲通事，並遣留學生倭漢直福因等八人隨世清報聘，奉獻國書曰：

『東天皇敬白西皇帝：使人鴻臚寺掌客裴世清等至，久憶方解。季秋薄冷，尊候如何？想清念。此卽如常。今遣大禮蘇因高、大禮乎那利等往，謹白不具。』（5）

當世清返國時，日本留學生及僧侶等隨來者極衆，多長期滯留於隋，厥後學成返國，裨益於日本文物制度之改進不鮮。小野妹子於大業五年（六〇九年）歸國，鞍作福利則久留未歸也。

第四次遣隋使　隋大業十年（推古天皇二十二年）六月，復遣犬上御田鍬、矢田部造使於隋（見日本書紀推古紀。）其時，隋已動亂翌年七月，犬上御田鍬等歸國。日本因鑑於修交不便，遣隋使遂於此告終。

按日本自與我國南朝通聘以來，我國五經博士工藝技術及佛教等，均由半島移植於日本。此大批文化種子之東渡，不惟使列島近於文化之發酵期，且使日本人深能理解中國文化，並進而景慕之，學習之，致有推古天皇時之入隋使派遣，以圖中國文化之直接移植。當推古天皇時，聖德太子攝政，太子聰穎好學，尤喜讀佛學，曾疏註法華經，頗爲高麗僧惠慈等所歎服。及年長柄政，在國家制度上，欲以儒教爲經綸天下之大本，在國民教化上，欲以佛教爲指導精神之國策；故力圖中國文化之吸取與佛教思想之移植，致有小野妹子等之派遣。蓋當時日本之景慕我國，猶近來日本之景慕歐美，事無大小，唯華是範，朝野上下，以觀光華夏爲榮；日本之力圖全盤華化，實以隋唐兩代爲最盛也。

通觀隋代二十八年間，隋日通使往來，見於史籍者不下五次。其自動來華未載諸史籍者，更不知凡幾。當隋大業四年（六〇八年）裴世淸歸國時，日人隨來者極衆，除使臣通譯等外，又有留學生倭漢直福因、奈羅譯語惠明、高向漢人玄理、新漢人大國、學問僧新漢人旻、南淵漢人請安、志賀漢人惠隱、新漢人廣齊等八人（6）；此爲日本派遣留學生之嚆矢。彼等留學期間甚長，自隋末迄至唐初，有二三十年之久者；故對於隋唐政治組織及法度儀禮，多耳聞目染，瞭如指掌。彼等一旦歸國，目擊日本之簡易政治組織，及族制社會之積弊，當感不滿，不免有斷然改革之企圖。此種企圖雖始於與南朝通聘之時，惟至隋時而益興旺；故聖德太子制定冠位十二階（7），以儒教信條之仁義禮智信德六字定其階名。太子制定之憲法十七條，不惟襲用詩書易禮等經典語句，且多基於儒教思想，並參照佛家法家之思想而撰成。後遂以權臣蘇我氏滅亡爲契機，大化革新運動因之而生。參加革新運動之國博士高向玄理、僧旻，乃隨裴世淸入隋之留學生也；大化革新中心人物之中大兄皇子、中臣鎌足，亦均曾受教於留學生南淵請安者也；以留學於隋唐之高向玄理等爲新政顧問，籌畫改革事宜，則大化新政之施設，乃基於隋唐制度明矣。如大化改新詔令所規定之收回土地爲公有，樹立中央集權制，設八省百官，行班田收授法，分刑法爲笞、杖、徒、流、死五種，定戶籍、租庸調及冠位制等，皆脫胎於隋唐制者也。

隋代與日本之通使往來既如此其繁，隋代文物制度之東漸既如此其盛，則隋日交通遂亦因之興隆。隋書倭國傳云：

「明年上遣文林郎裴清使於倭國，度百濟，行至竹島，南望耽羅，經都斯麻國，逈在大海中。又東至一支國，又至竹斯國，又東至秦王國，其人同華夏，以爲夷州，疑不能明也。又經十餘國，達於海岸。自竹斯國以東皆附庸於倭。」

按傳中之竹島，爲朝鮮全羅南道珍島西南之小島，耽羅國卽今濟州島，都斯麻國卽今對馬島(8)，一支國卽今壹岐島，竹斯國卽今九州之筑紫(9)。至關於秦王國之所在，雖有安藝嚴島說、讚岐說、周防說及難波說之分立，惟就地理上觀察之，似以周防說爲近似；蓋當時山陽道西部多秦氏之居住地故也。由是可知隋使之入倭，乃由百濟南下，經對馬壹岐而至九州之筑紫，更東行沿瀨戶內海至畿內之難波津；此殆與南北朝時之中日交通路大致相同也。蓋自三國以降，日本列島上曾發生劇烈之民族移動，都於九州之邪馬臺國，因受其南鄰狗奴國（卽今熊襲部族）之迫害，不得不率族東遷，以求躲避於一時。至其東遷之結果，卒戰勝盤據於畿內之秦人系大陸民族，而樹立大和政府。旋統一畿內，征服列島。畿內之難波津亦遂爲交通上要地，成爲往來中國之出發地與着岸地矣。

隋日交通路

(1)見本居宣長之馭戎慨言。

(2)隋書倭國傳及三國史記作「斐清」，北史東夷傳及日本書紀作「斐世清」；蓋斐清乃斐世清之略稱也。（按，斐字均應作裴。）

(3)隋書所載之蘇因高，乃指小野妹子而言，概由其字音譯成者。

(4)(5)見日本書紀推古紀。

(6)倭漢直福因在隋留學十五年，高向漢人玄理在隋留學三十二年，至唐貞觀十四年，始隨新羅使歸國；因其住於河內之高向，故後以地名爲姓，稱曰高向玄理。新漢人旻在隋留學二十四年，至唐貞觀六年，隨遣唐使犬上御田鍬歸國大化改新時，被舉爲國博士。南淵漢人請安在隋留學三十二年，與高向玄理一同歸國。志賀漢人惠隱在隋留學三十一年，至唐貞觀十二年，隨新羅使歸國。新漢人廣齊在隋留學十五年，與福因一同歸國。

(7)聖德太子制定之冠位十二階；爲大小德，大小仁，大小禮，大小信，大小義，大小智。

(8)日本人讀對馬島之「對馬」爲"Tsushima"，音由字音上觀之，殆與隋書之「都斯麻」國相同。

(9)『筑紫』之日本讀法爲"Chikushi"，音頗與隋書之「竹斯」國近似。

第六章　唐日交通

唐代武功昭著，文治興隆，故能威鎮遐邇，澤被四夷，異族之聞風慕化，相繼通聘者，絡繹不絕。且自白村江之役，唐高祖大敗日本後，患畏唐病之日人，愈崇拜景仰我國之文化，故遣唐使與留學生等之派遣，極達最盛時代。按唐代不過二百八十九年（六一八至九〇六年），據新舊唐書及日本史籍所載，遣唐使不下十八次（內有送唐客使四次，迎入唐使一次），其組織之完備，規模之宏大，實爲空前所未有。惟因時代目的及航路等之不同，而內容亦異。在唐代初葉（自唐代開國至唐高宗末年約六七十年），遣唐使之組織尙無一定，其航路殆與遣隋使同，稱之謂遣隋使之延長，亦未嘗不可。迨至唐代中葉（自則天武后臨朝稱制，至安史之亂平定，約七八十年），武功之盛，雖不及初唐，惟海內承平，文化發達，日本更進而爲澈底的攝取，深求其眞髓，故是時遣唐使之規模擴大，組織完整，儀容莊重，同行人員甚夥，約達五六百人，幾倍於前期，內有大使四人，副使五人，判官錄事各數人，均以博通經史，熟悉唐代情形者任之。下有翻譯、醫師、陰陽師、船師、船匠、射手、水手等職員，並有多數留學生學問僧隨行，分乘四船，每船約載百二十人許，亦倍於前期，是爲日本遣唐使之最盛期。及至唐代末葉（自安、史之亂平定至唐亡約百四五十年）唐室雖衰，威信未墜，四夷通聘，依然未絕；故日本遣唐使之組織與規模，無稍變更，儀式上之繁瑣，恐猶過於前期。惟是時日本攝取唐代文化之結果，日本自國文化已逐漸發育，故對於遣唐使一事態度冷淡，遠不若前代之盛，遣唐使任命後，往往稱病或藉故中止者，亦不乏其人也。

一、唐初

第一次遣唐使　唐高祖武德六年（六二三年），留學生惠濟惠光等返日本。奏曰：『唐禮義之國也，宜常相聘問，學生在唐者皆已成器，願召還之。』於是日本始知唐代隋興，遂有遣唐使之意。唐太宗貞觀四年（六三〇年），日廷遣大仁犬上御田鍬、大仁藥師惠日使於唐。新唐書日本傳中，亦謂：

『太宗貞觀五年，遣使者入朝，帝矜其遠，詔有司毋拘歲貢，遣新州刺史高表仁往諭，與王爭禮不平，不宜天子命而還。」

是爲日本第一次遣唐使。唐貞觀六年（六三二年），太宗遣高表仁送還犬上御田鍬時，學問僧靈雲、僧旻及勝鳥養等隨之歸國。唐貞觀十四年（六四〇年），學問僧請安、留學生高向玄理等亦經新羅歸國；於是隋時所遣之留學生，是時亦多離唐返國。

第二次遣唐使　唐高宗永徽四年（六五三年），遣唐大使吉士長丹副使吉士駒，使唐學生巨勢藥、冰老人，學問僧道嚴、道通、道光、惠施、覺勝、辨正、惠照、僧忍、知聰、道昭、定惠、安達、道觀等百二十餘人從之；並以室原御田爲送使。同時又遣大使高田根麻呂、副使掃守小麻呂，別船使唐，學問僧道福、道向等百二十八人從之。根麻呂船至薩摩竹島遭風覆沒，一行生還者僅五人。長丹船至唐，翌秋歸國，道昭就學於唐慈恩寺之僧玄奘，而傳因明之學。

第三次遣唐使　唐高宗永徽五年（六五四年），押使高向玄理、大使河邊麻呂、副使藥師惠日、判官書麻呂等使唐，取道新羅，至長安，獻方物。新唐書日本傳謂：

「永徽初，其王孝德卽位，改元曰白雉，獻虎魄大如斗，瑪瑙若五升器。」

是唐書將日本二次遣唐使混爲一次矣。唐顯慶三年（六五八年），沙門智通、智達奉勅命乘新羅船至唐學法於玄奘，卒傳法相宗於日本。

第四次遣唐使　唐高宗顯慶四年（六五九年），日廷遣大使小錦上坂合部石布副使大山下津守吉祥分乘兩船使於唐，蝦夷男女二口隨之。石布之船漂至南海島，衆爲島人所殺；惟東漢阿利麻等五人奪船逃至括州。吉祥之船至越州會稽，旋至洛陽拜謁高宗。唐因將攻百濟，恐遣唐使洩漏機密，乃抑留其使者，至六六一年，始許吉祥等歸國。

第一次送唐使　唐高宗麟德二年（六六五年），唐百濟鎮將劉仁軌遣朝散大夫沂州司馬上柱國劉德高至日本，日廷饗賜德高等於筑紫，使大友皇子見之，並命小錦下守大石、小山下坂合部石積等送之還。

第二次送唐使　唐高宗乾封二年（六六七年），劉仁軌遣熊津都督府司馬法聰等送石積等至九州筑紫。法聰歸時，日廷又遣小乙下伊吉博德大乙下笠諸石護送之，僅至百濟而還。是時，劉仁軌在半島之威權，遠在百濟國王之上，頗能發揚唐室威德，東夷諸國多畏憚之，故其所遣之使者，日本迎接甚恭，並進而遣使護送之也。

第五次遣唐使　唐高宗總章二年（六六九年），遣小錦中河内鯨使唐。新唐書日本傳謂：「咸亨元年（六七〇年），遣使賀平高麗。」是知此次遣唐使乃爲賀平高麗而遣者也。

二、中唐

第六次遣唐使　唐長安元年（七〇一年），執節使粟田眞人、大使高橋笠間、副使坂合部大分使於唐，山上憶良等隨之，朝見則天武后，武后宴之麟德殿。新唐書日本傳記其事曰：「長安元年，其王文武立，改元曰大寶，遣朝臣眞人粟田貢方物。朝臣眞人者猶唐尙書也，冠進德冠，鼎有華蘤四披，紫袍白帶。眞人好學能屬文，進止有容。武后宴之麟德殿，授司膳卿。」眞人在唐二年，於七〇四年七月歸國，坂合部於七一八年歸國。當時僧道慈亦隨眞人入唐，歷訪諸名僧，傳眞言於日本。

第七次遣唐使　唐玄宗開元四年（七一六年），遣唐押使從四位下多治比縣守、大使從五位上阿倍安麻呂、大使從五位下大伴山守、副使正六位下藤原馬養使於唐，翌年出發，總員五百五十七人留學生阿部仲麻呂、吉備眞備、學問僧玄昉等隨之。縣守等於七一八年歸國，仲麻呂則留唐不歸焉。舊唐書日本傳載其事云：

「開元初，又遣使來朝，因請儒士授經，詔四門助教趙玄默就鴻臚寺教之。乃遺玄默闊幅布以爲束脩之禮，題曰：白龜元年調布。人亦疑其僞，所得錫賚盡市文籍，泛海而還。其偏使朝臣仲滿，慕中國之風，因留不去，改姓名爲朝衡，仕歷左補闕，儀王友，衡留京師五十年，好書籍，放還鄉，逗留不去。」

是知此時日本之遣唐使，使臣隨員均較前增加，多努力於唐學之吸取，唐室亦厚賄以幣帛；故是時留學生歸國者，亦多享受特殊優遇也。

第八次遣唐使　唐玄宗開元二十年（七三二年），日廷遣大使多治比廣成、副使中臣名代使於唐，判官錄事各四人，總員共五百九十四人，分乘四船出發，翌年至唐。廣成在唐易姓丹墀氏。開元二十二年歸國，留學生吉備眞備，僧玄昉從之還。玄昉獻佛像及經典五千餘卷，國分寺之創設，乃由玄昉模擬唐制而出者。吉備眞備齎回唐禮百三十卷、太衍曆經一卷、太衍曆立成十二卷、樂書要錄十卷及其他弓箭管樂等。眞備在唐十八年，深通經史曆算，對於中國文化之輸入，頗有彰著之功績也。

第九次遣唐使　唐玄宗天寶九年（七五〇年）日廷任命藤原清河爲大使，大伴古麻呂爲副使，並以副使吉備眞備副之，天寶十一年起程赴唐。至唐後，玄宗命仲麻呂接伴，並召見之曰：『聞日本國有賢君，今見使者趨揖自異，禮義之國之稱，洵不誣也。』遂命畫工繪其狀貌，藏於庫中。當正月元旦諸蕃使擧行朝賀禮時，置日本使於西畔第二位，在吐蕃下，置新羅於東畔第一，在大食國上。仲麻呂不悅曰：『新羅素爲我朝貢國，今反置於上位，非禮也。』將軍吳懷寶乃引日本使者與新羅易位。及將還，玄宗親作詩賜之曰：『日下非殊俗，天中嘉會朝，朝余懷義遠，矜爾畏途遙，漲海寬秋月，歸帆駛夕飈，因驚彼君子，王化遠昭昭。』

並遣鴻臚卿送至淮揚。清河與仲麻呂歸國途中，遭颶風，漂至安南，僅以生命全，旋復至長安，留唐不去。玄宗以清河爲特進祕書監，更名河清。仲麻呂亦得再仕於唐。古麻呂、眞備漂至益久島，翌春乃至，獻所得賜幣，頗受優遇。唐僧鑑眞等八人亦隨古麻呂至薩摩，由難波入京都，王出城門迎拜，朝臣，競來問法，孝謙帝卒至捨身，日本律宗之開創，遂肇基於此。

第十次遣唐使　唐肅宗乾元二年（七五九年），日廷因迎前遣唐大使藤原淸河，乃遣大使高元度使於唐，判官內藏全成等隨之，總員約九十餘人。元度等至唐，適遇史思明之亂，未得朝見肅宗。遣使勅元度曰：『特進祕書監藤原河淸當從請還，而賊徒未平，道路多阻，元度宜取南路先歸。』並命謝時和送至蘇州，復令沈惟岳等以唐船送還。此次遣唐使，乃因迎前遣唐使而遣者，故亦稱迎入唐使。

第三次送唐使　唐上元二年（七六一年），日廷遣參議藤原眞光宴惟岳於太宰府，並命安藝國造使船四隻，命東海、北陸、山陰等道貢牛角七千八百隻。復任命仲石伴爲大使，石上宅嗣（後以藤原田麻呂代之）爲副使，至唐貢牛角。蓋唐室因安、史之亂，兵器多失，欲令日本貢牛角，以爲造弓弧材料；故當高元度歸國時，肅宗勅曰：『禍亂以來，兵甲彫弊，欲造弓弧，切要牛角，異日還國，卿幸憐之。』元度還奏，遂準備送牛角於唐，並送唐使沈惟岳等還也。惟使船由安藝至難波江口，一舟膠沙而沈，乃減使人限兩船，更命中臣鷹取爲使，高麗廣山副之，以爲送唐客使，但因風阻而中止。

三、唐末

第十一次遣唐使　唐代宗大曆十年（七七五年），日廷任命佐伯今毛人爲遣唐大使，大伴益立、藤原鷹取副之，判官錄事各四人，光仁天皇授節刀於使節曰：『卿等奉使言語必和，禮意必篤，毋生嫌隙，毋爲詭激，判官以下違者便宜從事。』船至肥前，阻風不能前，欲待來歲乃罷。益立以小野石根大神末足代之，復以今毛人因病不能行，以石根代行大使事。大曆十二年，船發自筑紫，卒抵揚州，海陵觀察使陳少游言：『寇亂以來，館驛彫弊，得中書門下牒，限二十員進京。』石根以二十三人請，少游許之。翌年，石根等朝見代宗皇帝於宣政殿，宴賞有加，並遣中使趙寶英爲押送使送之。石根辭曰：『海路茫渺，風泛無常，萬一顛躓，懼損盛意。』惟詔仍護行。石根等歸國途中忽遭颶風，船斷爲二，石根、寶英等六七十人皆溺死，但判官小野滋野及唐使孫興進等第三船，僅無事抵日本。

第四次送唐使　唐使孫興進等抵日本後，日皇遣將軍發六位以下子弟八百名充騎隊，蝦夷二十八充儀衞，迎之城門外，興進朝見，日皇先問天子安，及途次供奉如禮否？慰勞畢，至饗宴於朝堂，賜錦三千純，右大臣清麻呂又延諸私第。大曆十四年（七七九年），令從五位下布勢淸直爲送唐客使，護送興進等返唐。

第十二次遣唐使　唐德宗貞元十七年（八〇一年），日廷任命從四位下藤原葛野麻呂爲遣唐大使，從五位上石川道益爲副使，並以菅原淸公、高階遠成等爲判官隨之。旋賜使臣等錦帛，召對賜宴，親酌酒，並賦歌送之，一依漢儀。又賜葛野麻呂被三領、衣一襲、黃金二百兩，授節刀；賜道益衣一襲、金百五十兩。八〇三年，使船發自難波，旋遭風船破，有溺死者，乃引還，令典藥頭藤原貞嗣等修理之。次年，再遣葛野麻呂等分乘四船使於唐，留學生橘逸勢、僧空海、最澄等從之，途遇暴風雨，第三船漂失，餘均至福州，觀察使閻濟美使葛野麻呂等二十餘人赴長安。葛野麻呂等至京，內使趙忠以飛龍廐細馬迎之，旋朝見德宗於宣化殿，賜宴賞。未幾，德宗皇帝崩，葛野麻呂等悉素服舉哀。順宗皇帝令內史王國文監送至明州，於八〇五年歸至日本，僧最澄、義空隨之還，並攜回唐樂器多種，分贈於朝臣。

第十三次遣唐使　唐文宗太和八年（八三四年），日廷任命從四位上藤原常嗣爲遣唐大使，從五位下小野篁爲副使，判官錄事各四人，並選材藝之士偕行。次年，命太宰府以綿甲百領、冑百口，誇四百腰，充使船不虞之備。復榮進正副使之官位，賜使臣等以綵帛貲布。臨別時，饗宴使臣，帝親舉酒賦詩，召五位以上各賦詩和之，並賜以御衣御被，復奉幣七道名神，爲使臣祈禱。一行共計六百五十餘人，於八三六年分乘四船自筑紫發途，遇暴風，第三船折壞。次年，僅以三船再發，復遭逆風，折還，再事船之修繕以待再發。小野篁以船之分配不平，爲藉口拒不登船，並作西道謠以譏遣唐使。日皇震怒，流之隱岐。常嗣等至唐，由揚州入長安，進謁文宗皇帝。新唐書日本傳謂：『開成四年（八三九年，）復入貢』，蓋卽指此而言也。八三九年，常嗣等歸國時，憂使船之不完善，由楚州分乘新羅船九艘，經新羅至日本。綜觀日本使唐典禮，以此次爲最隆重；蓋當時日本上下均視渡海入唐爲畏途，故特加重儀式，以資鼓勵耳。

惟自此以降，日本之派遣唐使，殆漸次停頓，而唐代商人冒險前往者，卻逐漸增加，日本商人亦有至唐之明、台諸州貿易者。按自八三九年至唐亡，凡七十年間，往來唐日間之商船，其見於史籍中者不下四十次，就中尤以唐之商船爲最多；如唐武宗會昌二年（八四二年），日僧惠運乘唐李處人之商船入唐；八四七年，更乘唐人張支信之船歸國。唐宣宗大中七年（八五三年），日僧圓珍乘唐人欽良暉之商船入唐；八五八年，更乘唐人李延孝之船歸國等；乃其顯著之例證也。

第十四次遣唐使　唐昭宗乾寧元年（八九四年）三月，留唐僧中瓘上書太政官，痛論唐之凋弊多亂。是年八月，任命從四位下菅原道眞爲遣唐大使，從五位上紀長谷雄爲副使。道眞上書曰：『臣謹案，僧中瓘去年附商客書，具載唐國凋弊；中瓘雖區區學僧，爲聖朝盡職，代馬越鳥，豈非習性。臣伏檢舊記，聘使渡海，或不勝任，或沒於賊，能達者無幾，此中瓘所憂也。臣願以中瓘狀，遍下公卿，詳議可否，此國家大事，不獨爲一身也。』於是遣唐使遂於此告終，唐日國交遂形中斷，惟商人僧侶往來於兩國之間者，反逐漸頻繁也。

四、唐日交通路

遣唐使之入唐，概分南北二路，北路亦名渤海路，已始於遣隋使時代，亙唐代初葉仍沿用之。南路始於中唐，以降自七〇一年第六次遣唐使，始通行之。北路自難波解纜，經瀨戶內海至九州博多，更經壹岐對馬，沿朝鮮半島西南岸，橫斷黃海或渤海，至山東半島登岸；其詳細路順如次：

北路　難波三津浦——瀨戶內海——下關海峽——筑紫大津浦（博多）——百濟沿岸

——黃海——登州——萊州——青州——兗州（或濟南）——曹州——汴（開封）——

洛陽——函谷關——潼關——渭南——長安（唐都。）

南路初自博多沿筑紫西岸南下，經南島橫斷東海，而至長江口。自唐代末葉以降，則不經由南島，逕由筑紫之値嘉島橫斷東海而達長江口者；至其詳細路順如次：

南路　難波三津浦——瀨戶內海——下關海峽——筑紫博多——〈南島／値嘉島〉——東海——長江口——揚州——高郵——楚州（淮安）——廣濟渠（通濟渠）——徐州——

彭城——汴——洛陽（以下與北路同）——長安（唐都。）

按南北兩路，在水路方面，南路短於北路，北路多碇泊所，所費日數亦多於南路。在陸路方面，南路亦短於北路，揚州距長安二千七百五十三里，登州距長安三千一百五十里。且南路富於水運之便，由長江口至汴，殆不踏陸地一步。惟當時造船航海術幼稚，橫斷東海，殊多危險性。然自唐代中葉以降，卒冒此危險取道南路，而拋棄安全北路於不顧者，是何故耶？蓋當時新羅勢強，已滅百濟、高句麗，而統一半島，更乘勢無禮於日，威脅其入唐航路；故自七〇一年第六次遣唐使以後，入唐使船概不通過新羅領海，遂舍北路而取道南路也。唐書日本傳謂：「新羅梗海道，更繇明越州朝貢，」是遣唐使取道於南路之左證矣。且當唐代中葉，多褹（種子島）、夜久（屋久島）、奄美（大島）、度感（德之島）等島，概服屬日本，南島既歸日本勢力範圍；故斯時之遣唐使，漸沿筑紫西岸南下，經夜久、吐火羅（寶七島）等島西航，橫斷東海而至長江口附近也。

第七章　唐日交通之影響

一　留學生與學問僧

我國文化之東渡，以唐代爲最盛，除派遣使臣外，更益以留學生與學問僧，以爲文化上之直接移植者，故日本中古之文化制度，率皆模倣唐制；當時日本文化階段，乃隸屬於中國文化勢力範圍以內者也。日本留學生之入唐者，其生活方式，概從唐代風俗習慣，即其姓名亦有改用唐式者；如留學生阿部仲麻呂之改稱朝衡，藤原清河之改名河清，乃其最顯著之例證。其中亦有娶唐女而生混血兒者；如唐玄宗時，學問僧辨正娶唐婦而生朝慶朝元二子。唐玄宗末年，留學生高內弓娶唐女高氏，而生廣成綠兒二子，乃其顯著之例也。留學生在唐既久，因受唐人同化，其衣食住等皆與唐人相同，並信仰其宗教，學習其文化制度，一旦離唐歸國，遂於不知不識之間，將唐之文物制度傳入日本矣。

第七次遣唐使多治比縣守歸國，朝見日廷時，猶服玄宗所賜之朝服。翌七一九年，詔令天下百姓，悉倣唐制衣皆右襟，於是日本服裝漸次摸擬唐式。八〇三年，日廷饗宴遣唐大使藤原葛野麻呂等時，倣用中國烹調法。八一三年，皇弟淳和之設宴於淸涼殿，亦用中國烹調法；故當時中國烹飪法，亦漸流行於日本上流社會之間。唐式住宅建築亦由是時留學生傳入列島，如法隆寺之傳法堂，乃唐式貴族邸宅建築之唯一標本。又當時建築之左右均齊配置，亦完全模倣唐制者也。

文化傳播種子之留學生，實爲直接吸取唐文化者，就中最著名者，爲唐玄宗時之吉備眞備。眞備於二十二歲時入唐，留唐十七年，深究經史、算術、天文等諸學藝，歸國後侍講禮記及漢書等。與眞備同揚名於唐者，尚有阿部仲麻呂。仲麻呂於七一七年入唐，仕唐不歸，官至光祿大夫御史中丞，並改名曰朝衡。唐德宗時來朝之橘逸勢，亦以文學稱名於唐，唐人呼之爲橘秀才。又唐文宗時來朝之菅原梶成，爲遣唐醫師，學唐醫術，歸國後爲針博士侍醫，貢獻於日本醫學界，實屬不尠也。至於遣唐留學生之主要者，如次：

人名	入唐年代	歸國年代	根據史料
巨勢藥	六五三年		
冰連老人	六五三年		
筑紫薩野馬		六七一年	
韓嶋勝娑婆		六七一年	
布師首磐		六七一年	
吉備眞備	七一七年	七三五年	續日本紀
大和長岡	七一七年	七三五年	同上
阿部仲麻呂	七一七年		同上
藤原刷雄	七五二年		同上
膳大丘	七五一年		同上
高內弓		七六三年	同上
橘逸勢	八〇四年	八〇六年	文德實錄 橘逸勢傳
春苑玉成	八三八年	八三九年	續日本後紀

菅原梶成	八三八年	八三九年	文德實錄

〔註〕參照筑波藤麻呂之日唐關係。

至若與留學生同時入唐而以研究佛教爲主要目的者，尙有留學僧學問僧入唐者較留學生爲多，單獨入唐者亦屬不尠。此等學問僧中之著名者，如元興寺僧道昭就唐玄奘學法相宗，歸國後建禪院於奈良右京，架橋修路，巡游各地，貢獻於社會事業者甚多；日本火葬之風，亦道昭創始之也。道慈曾學三論法相於長安，其學業之優，爲唐玄宗所稱讚，歸國後，倣長安西明寺而建立大安寺，後賜封戶等榮職。玄昉學法相宗於唐，歸國時攜來諸佛像及經論五千餘卷，住於興福寺，頗受日廷之恩遇。

日本天台宗之開創者最澄，於八〇四年隨遣唐使入唐，學密教於天台山，翌年歸國，並齎來經典二百三十部四百六十卷。次年奏開天台宗，並設戒壇，雖遇奈良六宗之反對，然卒底於成。與最澄同時入唐之空海，學密教於長安青龍寺，滯留於唐者凡二年，並攜來新譯經等一百四十二部二百四十卷，梵字眞言讚等四十二部四十四卷，論疏章三十二部一百七十卷等。於是眞言密教遂弘布於日本八三八年，隨遣唐使入唐之圓行，就長安青龍寺義眞阿闍梨學眞言密教，歸國時齎來佛具十六種，經典一百二十三卷貢獻於朝廷。與圓行同入唐之圓仁（慈覺大師）初學梵語於揚州，繼登五台山，又至長安青龍寺，就義眞學密教，在唐九年將其見聞紀行撰爲入唐求法巡禮行記。歸國時攜來經典及詩書等五百八十四部八百二卷，曾任天台第三代座主，頗受朝野信任。

圓珍（智證大師）於八五三年，乘唐人欽良暉之船入唐，學悉曇於福州開元寺，巡拜天台山聖蹟，旋學密教於長安。彼於八五八年歸國時，攜回經典四百四十一部一千餘卷，道具法物十六種，碑銘文等拓本數種。其尤堪注意者，圓珍與唐詩人相友善，當其歸國時，其被贈之風藻餞言今猶藏於園城寺中。

通觀以上入唐留學生及學問僧等，對於唐代文化之移植，皆盡莫大之努力，故日本中古文物制度得有長足之進步。當時日廷對於此等文化使節亦頗加以優遇，恆賜以絁四十疋綿一百疋布八十端，其量殆與遣唐副使相等，而唐室朝廷復時賜以衣食等，故彼等生活上毫無貧窘之虞也。

入唐學問僧一覽表（1）

人名	宗敎	入唐年代	歸國年代	根據史料
道嚴		六五三年		日本書紀
道通		六五三年		同
道光	律宗	六五三年	六七九年	三國佛法傳通緣起
慧施		六五三年		日本書紀
覺勝	律宗	六五三年	歿於唐	同
辨正		六五三年		同
慧照		六五三年		同
僧忍		六五三年		同
知聰		六五三年	死於途中	同
道昭	法相宗	六五三年	六六五年	續日本紀
定慧		六五三年		日本書紀
安達		六五三年		同
道觀		六五三年		同

道福		六五三年	死於途中	同
義向		六五三年	同	同
慧妙			歿於唐	日本書紀註
智國			死於途中	同
智宗			六九三年	日本書紀
義通			死於途中	日本書紀註
妙位			六五四年	同
法勝			六五四年	同
智通	法相宗	六五八年		元亨釋書
智達	同	六五八年		同
道久			六七一年	日本書紀
智藏	三論宗	西紀七世紀後半		懷風藻
辨正	同	西紀八世紀初葉	歿於唐	同
道慈	三論宗法相宗	七〇一年	七一八年	續日本紀

智鳳	法相宗	七〇三年		三國佛法傳通緣起
智鸞	同	七〇三年		同
智雄	同	七〇三年		同
玄昉	同	七一七年	七三四年	續日本紀
榮叡	律宗	七三二年	歿於唐	鑑眞和尙東征傳
普照	同	七三二年	七五四年	同
理鏡	同		七三六年	婆羅門僧正碑
玄朗	同		七四三年	鑑眞和尙東征傳
玄法	同		七四三年	同
行賀		七五二年		扶桑略記
戒融			七六三年	續日本紀
永忠			八世紀後半	元亨釋書
戒明	華嚴宗			延曆僧錄
最澄	天台宗	八〇四年	八〇五年	日本後紀

義眞	同	八〇四年		叡山大師傳
空海	眞言宗	八〇四年	八〇六年	元亨釋書
靈仙	法相宗	八〇三年	死於唐	續日本後紀 行歷抄
圓行	天台宗	八三八年	八三九年	靈巖寺和尚傳
戒明	同	八三八年	八三九年	入唐求法巡禮行記
義澄	同	八三八年	八三九年	同
圓仁	同	八三八年	八三九年	同
性海	同	八四六年	八四七年	同
圓載	同	八三八年	死於途中	同
仁好	同	八三八年 八四四年	八四三年 八四七年	同
慧蕚	同	八四一年 八四四年 八六二年	八四二年 八四七年 八六三年	入唐求法巡禮行記 續日本後紀 頭陀親王入唐略記
慧運	眞言宗	八四二年	八四七年	安祥寺慧運傳
圓珍	天台宗	八五三年	八五八年	行歷抄

圓靜	同	八五三年	八五八年	同
的良	同	八五三年	八五八年	同
豐智	同	八五三年	八七七年	同　日本三代實錄
眞如法親王	眞言宗	八六二年	歿於天竺	頭陀親王入唐略記　日本三代實錄
賢眞	同	八六二年	八六三年	同
忠全	同	八六二年	八六三年	同
宗叡	同	八六二年	八六五年	同　禪林寺僧正傳
以船		八七四年		日本三代實錄
濟詮	天台宗	八七七年		同
三慧	同	八八二年		智證大師傳

二　遣唐使與入日唐人

日本之派遣入唐使，名義上雖爲敦睦邦交，實則爲吸取唐代文化而往。其所派遣之使者，多精通經史漢文學或深通我國國情者。彼等在唐期間雖不過數年，而身居於文化中心之長安，參與盛大朝儀，時與西域諸國使臣相接見，故其見聞較廣，飽受唐文化之薰染。彼等一旦歸國後，恆身居要職，如右大臣吉備眞備、中納言多治比縣守、藤原葛野麻呂、多治比廣成等，皆以完成遣唐使之使命歸國後而昇任顯官者也。此等身居要職之公卿，以其在唐之見聞及其所習得之學識，施行之於日本者，當屬不尠。如多治比縣守之奏請倣唐服制，衣皆右襟；菅原淸公之奏請令天下儀式服制悉倣唐制等，乃其顯著之例也。

遣唐使歸國時，率多攜回多數書籍經卷，而唐朝亦多賜以珍奇物品，致深予日人以新刺戟與心的興奮，促進日本文化發達之處不少。此等遣唐使攜回之物品，有寄附於神社山陵者，有頒賜於親王以下參議以上者。近奈良正倉院所藏之古物，殆皆遣唐僧使所攜回者也。

唐朝於日本入唐使歸國時，往往遣使送之。如唐太宗矜憫日本使者之遠渡重洋而朝貢，特遣高表仁送之還。六六七年，遣司馬法聰送遣唐副使坂合部石積等歸國。七五九年，唐肅宗令沈惟岳等三十九人以唐船送日使高元度等還。七七八年，唐代宗令趙寶英孫興進等送日使小野石根等還。此等唐使至日本時，日廷恆遣慰問使或領唐客使往慰，對於途中溺死者亦賜物安慰其靈魂。唐使由難波至京，日廷恆遣六位以下子弟之堪騎馬者六百人列隊迎之。晉謁後，設宴賜物，或與文人相交談。故唐使至日之言行，恆予日人以新刺戟，促進革新日本文化之處不少。且渡至日本之唐使，因歸國遇風復折回至日本者，或失其渡海機會而留日不返者，亦未嘗無之；如沈惟岳歸國途中因遇風阻，卒中止返唐，仕於日廷，官至美作權掾，賜姓淸海宿禰，乃其最顯著之例。此外留日唐人之見於文獻上者，亦實屬不尠；如袁晉卿隨遣唐使至日本，深通文選爾雅之音，爲大學音博士，歷任玄蕃頭大學頭等，敍從五位上，賜姓淸村宿禰。皇甫東朝善奏唐樂，仕於日廷，敍從五位下，任爲雅樂員外助兼花苑司。此均於日本文化發達上有莫大之貢獻者也。

又唐日使節往來時，唐僧至日本傳道者，亦屬不尠；其見於日本史籍上者有智宗（六八九年）、道榮、道明（約在八世紀初葉至日本）、道璿（七三六年）、善意（玄昉弟子）、鑑眞、法進、曇靜、思託、義靜、法載、法成、仁韓、法顆、智成、靈曜、懷謙、如寶（以上均於七六二年至日本）、慧雲、慧良、慧遠、慧常、慧善、滿貴、義本等（以上至日年代不明）二十五人。就中以傳戒律於日本之鑑眞爲最著名。鑑眞因歎日本傳戒之無人，復以入唐僧榮叡、普照之竭力慫慂，始決意東渡。鑑眞東渡時，偕其弟子法進、仁韓、曇靜、思託等二十餘名至日本，均能顯聲揚名於後世。鑑眞渡至日本後，設戒壇院於東大寺，旋建唐招提寺，極力弘通戒律，日皇亦親受戒於戒壇院，東大寺名實上遂爲日本佛教之總本山，此亦日本佛教史上最堪注目之事也。

三　唐文化之東渡

我國文化之東渡，上自秦漢，下迄明清，漢學東漸未嘗中斷。惟日人有時仍稱我國爲「唐國」，稱我國人爲「唐人」，甚至一切雜物用具多以「唐」字冠其首者，實以日本所得我國文化，當推唐代爲獨多，唐文化之東渡實予日人以極深刻刺戟故也。有唐以前，日本學術文化多間接得自朝鮮，非直接取諸中國者；如五經博士、醫博士、曆博士以及論語經史等率由百濟等傳入日本者。隋時日本雖有遣隋使之派遣，然其規模遠不逮遣唐使之盛。自入唐以來，日本深慕唐代之燦爛文化，於派遣大批入唐使外，更益以留學生與學問僧，以直接吸取唐代文化；於是我國文化制度遂直接越海東飛矣。至若唐文化東漸之見於史籍上者，摘要臚陳於次：

一、官制　日本中古時代官制概多倣唐制，中央置太政大臣、左大臣、右大臣、與唐之太師、太傅、太保相當；下置中務、式部、治部、民部、兵部、刑部、大藏、宮內八省，與唐之三省六部相似。此外如大納言、彈正臺、五衛府、國司、郡司等，皆直接由唐制移入者也。

二、學制　置大學於京都，隸屬於式部省之下，教育五位以上之子弟。國有國學，隸屬於國司，以教育各地人才。此均與唐代學制無甚差異。大學內設明經道及紀傳道等課程，關於禮記、春秋左傳、毛詩、周禮、儀禮、周易、尚書、孝經、論語等之研究，乃屬於前者；關於文選、爾雅、史記、漢書、後漢書、晉書等之研究，乃屬於後者。此等經史等漢籍，悉由我國傳入者也。

三、田制與稅制　日本大化革新時，力倣唐代制度，廢世襲官制，收土地人民爲國有，實行班田收授法，製定戶籍及年號，定租稅爲租、庸、調三種，此均由唐制蛻化而出者也。

四、刑律　日本中古時之刑罰，分笞、杖、徒、流、死五等，又有六議、八虐等。所謂六議者，一曰議親，二曰議故，三曰議賢，四曰議能，五曰議功，六曰議貴。所謂八虐者，乃謀反、謀大逆、謀叛、惡逆、不道、大不敬、不孝、不義是也。此均由唐代之五刑、八議、十惡蛻化而出，僅不過較唐制爲單純耳。

五、漢文學　漢文學爲研究唐文化之工具，故隨唐文化盛傳至日本。同時善操漢詩漢文者，亦相繼輩出；最著名者如吉備眞備、阿部仲麻呂等，均曾以漢學揚名於唐者也。吉備眞備於開元年間入唐，從諸儒受經業，在唐十七年，博涉經史，工於詩文，於漢學之普及上頗立功勳。阿部仲麻呂以工於漢學仕於唐，改名曰朝衡，留唐不歸。其他如小野篁、橘逸勢等，亦均以工於漢學著稱於一時，唐之文人亦稱之爲橘秀才（2）。如斯漢文學家之輩出，漢詩文集如懷風藻、凌雲集、文華秀麗集、經國集等，遂在日本相繼產出。聖武天皇（約當唐玄宗時代）爲提倡獎勵漢文學，曾有文章博士之設置；並親自抄錄隋唐之王居士詩三十八首，隋大業主詩三十二首，興觀法師頌一首，詩五首，讚二首，奉請文一首，釋靈實讚十三首，祭文二首，雜文十五首，周趙王碑文一首，雜文一首，序五首，釋僧亮觀行內雜詩九首等，匯爲一册，與皇后光明子之杜家立成雜書要略，現仍藏於正倉院中，足證日本中古時期，對於漢學之獎勵與尊崇矣。

六、史學　唐高宗初年，聖德太子與馬子共撰天皇記、國記、國造本記等，是爲日本編纂國史之始。六四五年蘇我馬子一族滅亡時，均不幸付之一炬。其後，修史之議數起，元明天皇時，勅令安麻呂纂修國史，將稗田阿禮口授之古史事摘要錄出更參照諸舊紀實錄，遂於七一二年撰成古事記一册。元明天皇復勅令舍人親王等纂修日本書紀，上自神代下迄持統帝，千餘年之史事均按中國正史之編纂法，撰成日本書紀三十卷系圖一卷，是爲日本撰修漢文體正史之先聲。其後，續日本紀四十卷，日本後紀四十卷，續日本後紀二十卷，文德天皇實錄十卷，三代實錄五十卷，均按漢文編年體相繼撰成，合稱之爲六國史。此種漢文體正史之編纂法，皆由遣唐使與留學生傳入日本者也。

七、曆學　日本正式使用曆法，始於六〇四年。至則天武后時，始頒行唐之元嘉曆。其後，唐曆既改，日本亦漸改用唐之儀鳳曆。七三五年（唐玄宗開元二十三年）吉備眞備曾由唐攜來大衍曆經一卷大衍曆立成十二卷測影鐵尺一枚；是年八月，日本亦改用大衍曆。八六一年（唐懿宗咸通二年）羽栗翼由唐齎回長慶宣明曆，日本亦於是年漸採用之焉。

八、禮制　日本禮儀概依唐制，迄今猶未全改。嵯峨天皇於八一八年下詔於國人曰：「朝會之禮，常服之制，拜跪之等，不分男女一準唐儀。但五位以上禮服服色及儀仗之服，並依舊章。」淸和天皇於八六〇年（唐懿宗咸通元年），亦仿唐開元禮制，新修釋奠式制，頒行全國。按釋奠制始於漢高祖，至唐玄宗時，始確定其儀式。七〇一年，釋奠制始行於日本，大寶令中曾明定其祀法，七四八年，始確定其服器儀式；此與吉備眞備由唐齎回之先聖九哲畫像，實有密切關係焉。

九、陰陽思想　隨儒教之發達，陰陽思想亦盛傳入日本。設陰陽寮於中務省內，內置陰陽師、陰陽博士及陰陽生等。當時祥瑞吉凶思想之影響於政治事業，亦屬不尠；如年號之改正，因得白雉爲瑞兆，故年號爲白雉；並大赦罪犯，賑恤孤獨。其他，如奈良朝之朱雀、大寶、慶雲、靈龜、神龜、寶龜等年號，均受此思想支配者也。

十、書法　書法名家王義之、歐陽詢等之筆跡傳入日本後，彼地人士恆以之爲範本，巧爲摹擬。故天武朝寫經生抄錄之金剛場陀羅尼經（3），宛似歐陽詢之筆法；天寶年間寫錄之戶籍簿，殆如唐人所書。其時，日本善書者如留學生橘逸勢，以長於隸書稱；留學僧空海，亦以善於草書名；此均學得之於唐代者也。至於與橘逸勢、空海並稱爲日本書法三傑之嵯峨天皇，亦因其喜學衛夫人書，而習得其骨髓者也。

十一、音樂　唐樂久已傳入日本，文武朝曾奏唐樂於宮廷；大寶令中，亦有雅樂師之設置。蓋當佛教舉行盛大儀式之際，多演奏唐樂故也。七三五年，吉備眞備由唐歸國時，攜入銅律管一部，鐵如方響寫律管聲十二條，樂書要錄十卷。自是以降，樂書樂器遂陸續傳入日本。日本近正倉院所藏之笛、琴、箏、箜篌、阮咸等，悉由唐傳入者也。其時傳入日本之樂曲，有太平樂、千秋樂、萬壽樂、武德樂、慶雲樂、孔子琴操、王昭君、打毬樂、破陣樂等。惟僅傳其譜而不傳其詞，亦憾事也。

十二、建築　日本上古建都地，殆每代一遷。嗣因文化程度漸增，深感歷代遷都之不便，故天武朝遣使至唐，擬倣長安之建築，卒於七〇八年下奠都平城之詔。詔曰：『方今平城地四禽叶圖，三山作鎮，龜筮並從，宜建都邑。』此三面繞山，南面平原，亦合天子南面之儒教思想也。七一〇年三月，遂遷都於奈良新都，稱曰平城京。按平城建築式樣，全依唐都長安式樣，中央有朱雀大路，以貫通南北，分左右兩京，更分九條四坊，每坊方一里，宮城在城之中央北部，天皇居焉。全城東西亙八里，南北亙九里，爲日本空前未曾有之大都城。但若與唐代長安較之，僅不過四分之一耳。

當時宮殿寺院建築，左右均齊，配置規整，頗呈宏壯雄麗之極致。往昔金堂與塔之對峙，今則改

爲東西兩塔之對立。至若當時住宅建築外部皆丹塗，官舍多瓦葺，故貴族富豪之邸宅，極呈宏壯雄
麗。此實受唐代建築之影響所致也。

十三、工藝美術　日本工藝美術在現存遺物上觀之，受唐代藝術之影響尤爲顯明。先就彫刻
方面言之，唐僧鑑眞東渡時，曾攜去彫白旃檀千手像一軀，藥師彌陀彌勒菩薩瑞像各一軀，近法隆
寺之九面觀音像，據流記資財帳所載之『檀像一具，養老三年從唐請坐者』觀之，當屬由唐傳入
者無疑。唐代彫刻師軍法力等之東渡，手刻唐招提寺金堂之盧舍那佛，其彫刻技術遂傳入日本。故
奈良平安兩朝之彫刻，多模擬唐代，而對於佛像之彫刻，尤有長足之進步也。

次就繪畫方面言之，大寶令中曾明定中務省內置畫工司，專掌宮廷各種繪畫之寫作。當時流
行之繪畫，概與唐代同。除佛畫人物畫外，山水花鳥等畫亦甚發達。今法隆寺金堂內部之壁畫，爲規
模宏大之佛像，亦與印度壁畫有相類似之處，此恐由印度經中國傳至日本者。相傳爲百濟阿佐太
子所畫之聖德太子像，亦與唐代閻立本所畫之帝王圖同一法式，且均附以陰影。至若藥師寺之吉
祥天女畫像，正倉院御物之樹下美人圖，當麻寺之極樂變相曼陀羅等，悉摹擬唐人之筆法者也。留

學僧空海由唐攜入之眞言五祖像（4），其書法筆力之雄渾，亦影響於日本者不少也。

更就工藝方面言之，當時工藝種類頗較前複雜，金工除鑄像外，又有彫金鍍金及其他象嵌細工等。陶器玻璃器之製造術，亦有長足進步。染織法亦受唐代影響而發達。元明朝曾派織物司之挑文師至諸國，教民織錦綾。織物之染法，亦倣唐之纐纈、臈纈、夾纈等。其織物種類則有布、絹、絁、羅、綾、錦、紬、氈等。勸修寺之釋迦說法圖，乃倣鑑眞由唐攜入之繡千手佛像、救世觀音像而繡成者。聖武天皇奉獻於東大寺盧舍那佛之螺鈿紫檀阮咸、木畫紫檀碁局及銀壺等，亦均由唐輸入者也。至於抄寫經典，當時亦甚流行，印刷術亦由唐代傳入。稱德天皇末年，奉納於百萬塔之印本無垢淨光陀羅尼經，其藏於法隆寺之部分，猶傳至今日，亦世界最古之印刷物也。

此外，尤有令人注目者，爲正倉院所藏之古鏡。按正倉院在東大寺內，其所藏之物品，乃聖武天皇特將其平生一切用品獻於大佛者，歷代以勅封保管，故得傳至今日。其所藏品計達三千餘件，上自佛具、樂器、衣服、鏡等珍品，下至武具、馬具、農具等，概多具備。就中所藏之古鏡，共計五十六面，其帶唐代藝術色彩最濃者，爲平螺鈿鏡。此鏡背面全部爲寶相花紋，花心覆以瑇瑁，下伏色彩，全體帶光澤，恐係唐人所手製。次爲金銀平脫鏡，此鏡背面全部巧施以鶴雁及其他鳥華等模樣，並貼以金銀薄片，以平脫法彫刻之。其彫刻意匠乃希臘式樣，其平脫法乃與米脫羅保利坦(Metropolitan)博物館所藏之唐鏡相同。又南倉之銀背八角鏡，鏡背面貼以銀板，內部施以草鳥鹿及山上仙人彈琴圖，外部施以鳥類篆書五律詩八句及八卦；此誠十足表現儒道二教思想之象徵，乃由唐傳入之古鏡也。

唐鏡東渡之結果，日本人多崇貴之，爲神寶，或爲造寺時鎮地之需，或懸大鏡於佛前，請衆僧供養。嗣因其用途日廣，造鏡法亦傳入日本。七六二年四月，東大寺鑄鏡用度文中，曾明載鑄徑一尺之鏡四面，其所需之技術工人四名中，秦姓工人居其半，足證鑄鏡技術亦殆由歸日唐人傳入者也。

十四、佛教　佛教之東漸亦以此時期爲最盛。七四〇年，倣隋唐國分寺制，詔諸國寫法華經十部，並建七重塔。翌年復命諸國造僧尼寺，僧寺曰金光明四天王護國寺，尼寺曰法華滅罪寺，並納金光明最勝王經、法華經各十部於諸寺，是爲國分寺之創始。按隋文帝時，曾命各州建塔，唐武則天曾令兩京各州建大雲寺。唐玄宗開元二十六年（七三八年）亦詔天下諸郡立龍興、開元二寺（六）。

當時學問僧道慈等適留學於唐(6)目覩唐諸州寺之完成，歸國後乃移之於日本。至若日本國分寺僅建寺而不建觀者，因日本無道教故也。

七五九年，東大寺普照擬倣唐代兩京路種植果木之例，奏請畿內七道諸國驛路兩側並植果樹，以便旅人。復詔鑄大佛像於東大寺，以「若我寺興復天下興復；若我寺衰弊天下衰弊」之信念，爲建設佛教國家之理想。其時佛教宗派分明，流行於日本之三論、成實、法相、俱舍、華嚴、律六宗，稱曰南都六宗。三論宗乃以述中論百論十二門論而得名，隋代吉藏嘉祥大師大成之，推古朝始由高麗僧惠灌輸入日本。成實宗爲小乘教，乃三論宗之附宗，亦於推古朝隨三論宗傳入列島。法相宗爲究明佛法體相者，唐僧玄奘由印度傳至中國，更由留學僧道昭傳入日本。俱舍宗亦爲小乘教，乃法相宗之附宗，留學僧智通、智達由唐輸入日本。華嚴宗以華嚴經得名，聖武朝曾由唐僧道叡傳入，惟人多未注意。新羅僧審祥至日本後，始會諸名僧講法華經於東大寺，迄今東大寺猶爲法華宗之唯一講道場。律宗以授戒律爲主，後魏慧光大成之，由唐僧鑑眞傳入日本。鑑眞設戒壇於東大寺，授戒者自聖武上皇以下四百餘人，後爲鑑眞建唐招提寺以授戒，頗爲日人所尊信。此外，尚有天台、眞言、淨七等新宗派，亦均由入唐僧最澄、空海等傳入者也。

又因留學僧及唐僧之東渡，佛教經典盛輸入日本。其最著者，如奈良朝留學僧玄昉攜回經典五千餘卷，唐僧鑑眞東渡時，曾攜去華嚴經八十卷，大佛名經十六卷，金字大品經一部，大集經一部，南本涅槃經一部四十卷，四分律一部六十卷，法勵師四分疏五本各十卷，光統律師四分疏百廿紙，鏡中記二本，智首師菩薩戒疏五卷，靈溪釋子菩薩戒疏二卷，定賓律師飾宗義記九卷，補釋飾宗記一卷，戒疏二本各一卷，觀音寺高律師義記二本十卷，終南山宣律師含註戒本一卷及疏，行事鈔五本，羯磨疏等二本，懷素律師戒本疏四卷，大覺律師批記十四卷，音訓二本，比丘尼傳二本四卷，玄奘法師西域記一本十二卷，終南山宣律師關中創開戒壇圖經一卷，次第禪門十一卷，天台止觀法、法門玄義文句各十卷，四教儀十二卷，行法華懺法一卷，小止觀一卷，六妙門一卷，明了論一卷及其他佛像金銅塔等珍品。平安朝留學僧最澄攜回經典二百三十部四百六十卷，空海攜回經典二百十六部四百六十一卷，常曉齋回經典三十一部六十三卷，圓行攜回經典六十九部百二十三卷，圓仁攜回五百八十五部七百九十四卷，慧運攜回百八十卷，圓珍攜回四百四十一部一千卷，宗叡攜回一百三十四部百四十三卷。如斯大批經典之繼續輸入，佛教文化遂浸潤於彼邦民族者深矣。

(1)參照筑波藤麻呂氏之日唐關係。

(2)見橘逸勢傳。

(3)今仍藏於法隆寺。

(4)眞言五祖者，乃金剛智、善無畏、一行阿闍梨、不空金剛及惠果是也。

(5)佛祖統紀卷四十：「開元二十六年，勅天下諸郡立龍興開元二寺。」

(6)據日本續紀所載留學僧道慈於唐中宗嗣聖十九年，隨遣唐使粟田眞人入唐，在唐十七年歸國。

第八章　宋日交通

一　唐亡宋興間之中日交通

遣唐使廢止後，中日國交往來乃暫告停頓；然商船私自往來者，仍屬頻繁。同時僧侶之入唐求法者，仍循舊日遺風，以巡拜天台五台聖蹟而入唐者亦屬不尠。自唐亡至宋興，凡五十餘年，中日商舶僧侶之往來，其見於史籍上者，摘要臚陳於次：

興福寺僧寬建等十一人於九二七年，攜菅原道眞、紀長谷雄等所撰之詩集入唐求教。九三六年七月，吳越人蔣承勳等至日本。是年八月，左大臣藤原忠平亦致書於吳越王（以上均見於日本紀略。）九三八年，延曆寺僧日延入唐，遍遊吳越諸地，參拜天台山，於九四八年，攜寶篋印塔歸國（見成尋之參天台五台山記。）按寶篋印塔為吳越王弘俶倣印度阿育王之故事作八萬四千塔，

內藏寶篋印心呪經，頒置於各地者。近日本紀州那智發掘之小塔（今藏於東京帝室博物館）概傳入於日本之一寶篋印塔也（1）

九四五年吳越商蔣袞、俞仁秀等百人，至日本肥前松浦郡貿易。九四七年，吳越王佐遣蔣袞致書於左大臣藤原實賴，實賴亦贈復書於吳越王，並獻沙金二百兩（2）。九五三年，吳越王弘俶復遣蔣承勳至日本致書並贈錦綺等珍品。是年七月，蔣承勳歸國時，右大臣藤原師輔亦贈回書於吳越王（3）。日本紀略天德元年（九五七年）七月二十七日條云：「大唐吳越國持禮使盛德言上書」是知吳越人盛德言復於九五七年曾渡至日本矣。

綜觀當時日本之對外態度，頗抱消極主義；其往來之船舶，亦率皆中國商船，以營利貿易為目的者也。至若東渡之航路，概發自明州（寧波），橫斷東海，經九州、肥前之值嘉島而入博多灣者也。

二 宋代與日本之貿易

（一） 北宋時代

宋室勃興，全國統一，宋日商舶僧侶往來，殆無歲無之。據宋史及日本史籍所載，北宋百六十餘年間，宋舶往來達七十餘次；就中朱仁聰、周文德、周文裔、陳文祐、孫忠、李充等，均數次往還於宋日之間，即日人亦多知其姓名者。當宋商初至日本時，恆依前代慣例，安置之於鴻臚館，供給其衣糧。嗣以來航者過夥，負擔繁重，故日廷曾有限定年月，給以定期來航護照，否則拒絕登岸等規定（4）。惟貪圖貿易利益之宋商，不待年限而來日者，仍屬不少，故不免有拒絕登岸之事發生。但宋商之託辭被風漂來者，則均可登岸貿易也。

宋船至日貿易者，概先入九州博多灣，由警固所報告大宰府，大宰府即派府使及通事等往詢來由，檢驗出國公證，並令交出乘員名簿及貨物名單等，呈報京師。若許其交易，則派遣交易唐物使往處理一切事務，並安置宋商於博多之鴻臚館。是時宋商所攜入之貿易品，概以錦、綾、香藥等為主，茶碗、文具、蘇方等次之。日本輸出品概為砂金、水銀、錦、絹、布、扇、刀劍等，殆與前代同。惟此時適當日本藤原氏全盛時代，日本自身文化逐漸發達，輸出之美術工藝品亦頗為宋人所珍視；如輸入於宋之日本扇，宋人目覩扇上之倭繪而嘆為「意思深遠，筆勢精妙，中國之善畫者或不能也」。輸入於宋之日本刀，宋人亦甚珍視，歐陽修特作日本刀歌曰：

『昆夷道遠不復通世傳切玉誰能窮寶刀近出日本國，越賈得之滄海東。魚皮裝貼香木鞘，黃白間雜鍮與銅，百金傳入好事手，佩服可以禳妖凶。』

足證是時日本工藝美術頗有長足進步，已漸為宋人所稱讚也。惟是時日本適值外戚藤原氏全盛時期，對海外貿易，力主閉關主義，禁國人私自渡海，遇有航行海外者，輒懲罰之。如宋仁宗時，九州筑前人清原守武因私自入宋，流於佐渡，並沒收其貨物，加罪於其黨徒。宋哲宗時，大宰權帥藤原伊房因私遣僧人至契丹交易貨物，遂降伊房一級，並停其權中納言之職，此均為顯著之例證。故當時往來於宋日間者，殆為宋船，而竟無一日本商舶赴宋也。

（二） 南宋時代

自宋室南遷，偏居於江南以來，日本政權亦由外戚藤原氏而移入於武家平氏之手。平清盛因平保元之亂有功，繼藤原氏握政權，對外採取積極進取政策，獎勵海外貿易，一反藤原氏之對外消極態度；故日本商船赴南宋者漸多，宋日交通乃日臻頻繁。先是平清盛以武功而握政權，見與貿易之有利可圖，乃大事奬勵，修築兵庫港及音戶海峽，以便船運。一一七〇年，清盛爲提倡宋日貿易計，招待宋商於福原別莊，並請後白河法皇幸臨。宋明州刺史爲謀宋商貿易上便利計，亦時以牒書及方物致日本。一一七二年九月，明州刺史之牒書中，『有賜日本國王物色』一句，日人見之大譁，咸主張立卽退還，尤以當時碩儒清源賴業爲最。惟清盛爲貪海外貿易利益，不顧滿朝反對，翌春修覆書，並獻方物於宋。宋史日本傳中之『乾道九年（一一七三年）始附明州綱首以方物入貢』，蓋卽指此而言也。

南宋中葉以降，日本商船赴宋者日增，宋日商船往來益趨頻繁。當時僧侶往來極多，亦均託身於商船以往還。宋史日本傳謂淳熙三年（一一七五年）同十年（一一八五年）紹熙四年（一一九三年）慶元六年（一二〇〇年）嘉泰二年（一二〇二年）屢有日本商船漂至宋地沿岸，宋廷恆詔賑以常年倉粮米使其歸國。是知當時日本商船之赴宋者，較以前增多也。

其後，源氏代平氏興，將軍源賴朝設幕府於鎌倉，執行幕府政治，奬勵海外貿易，尤以第三代將軍源實朝爲最。實朝於一二一六年，竟有準備渡宋之企圖。據吾妻鏡所載，源實朝夜夢赴宋入某寺，鑁長老之陞座說法，實朝問寺名於僧，僧曰：『此京都能仁寺也。』『此長老爲誰？』曰：『此寺之開山南山宣律師也。聖者難測生死無隔，可隨處現，律師現再誕，即日本國實朝大將是也。』『此侍者爲誰？』曰：『侍者亦再誕，即日本國鎌倉雪下之供僧良眞僧都是也。』後實朝以此夢語諸良眞，良眞亦以此夢答。於是實朝遂自信爲南山宣律師之後身，欲親謁靈蹟而有渡宋之企圖。其後，實朝復聞宋人陳和卿云，實朝昔爲宋明州育王山之長老，今乃權化之再誕。於是實朝極欲參詣育王山，乃決意渡宋，派定扈從六十餘人，並命陳和卿督造大船，以爲渡宋之準備。雖經北條泰時等之力諫，卒置若罔聞。翌年四月，竣工。浮舟於由比濱，惟因港濱不適於大船之出入，入宋計劃遂成畫餅（五）。是時日本商船至宋者絡繹不絕，宋船至日者尤屬頻繁，僧侶往來亦較多於前，直至一二六八年，忽必烈致牒狀於日本，兩國關係漸呈險惡，商船僧侶往來始稍遜於前也。

當時日本貿易港爲筑前之博多，肥前之平戶亦爲途中寄泊地。宋船至博多貿易者在鎌倉幕府成立以前，概承前代遺制，先與太宰府交易，然後始許與人民貿易。及至鎌倉幕府時代，海外貿易權始由太宰府移入於鎮西守護少武氏及鎮西奉行大友氏之手。宋貨輸入於日本者，殆與前代同，仍以香藥、書籍、織物、茶碗等爲大宗，宋錢次之；如宋商劉文仲獻唐書、五代記於左大臣賴長，平清盛獻由宋輸入之太平御覽於高倉天皇，源範賴獻由宋輸入之唐錦、唐墨於後白河法皇，乃其顯著之例。按宋錢之流入於日本，自宋初已開其端，太祖時曾下錢貨禁止輸出之令，神宗時王安石因解除此禁令，故宋錢益流出海外。至南宋時，遂有『錢荒』破綻之出現。宋高宗對於錢貨之流出，曾力加防範，特派員檢查將解纜之船舶，或目送商舶放洋，以防其私販錢貨；可知當時宋錢流出之夥也。

南宋對日貿易港仍爲明州等處。高宗時曾置市舶司於秀州華亭縣，以統轄杭州、明州、溫州、秀州、江陰軍等五市舶事務，至寧宗時，僅留明州一處，而廢其他四市舶務。迨至南宋中葉，雖仍以明州爲主要貿易港，而日本商舶至秀州泉州等處貿易者，亦有之也。當日本商舶入宋港時，宋市舶司官吏於檢查貨品後，恆加以抽分博買，然後始許其與商人交易。嗣因日本商舶攜來之黃金無幾，抽分博買亦獲利微薄，遂於理宗寶祐六年，對於日船載來之黃金，始許其自由貿易焉。

日本商品之輸入於宋代者，仍以砂金、水銀、硫黃、松板、杉板等爲大宗，蒔繪、螺鈿、水晶細工、刀、劍、扇等次之。加藤繁之唐宋時代金銀之研究中，曾謂日商所齎黃金最多之年，總額多至四五千兩，趙汝适之諸蕃志卷下倭國條謂：「（倭國）多產杉木羅木，長至四十丈，徑四五丈餘，土人解爲枋板，以巨艦搬運至我泉貿易。」又日僧入宋時，亦多有攜帶大批木料奉修宋寺者；如重源購輸日本周防之木料營造明州育王山之舍利殿。榮西於一一八七年，亦輸送大批木料，奉修宋明州天童山之千佛閣。辨圓聞其在宋掛錫之杭州徑山火災，募化千板送之。此均爲其顯著之例也。

三　宋日間之僧侶往來

（一）　北宋時代

在北宋時之入宋僧中，入宋最早且最著名於史上者爲奝然。奝然本爲東大寺僧，素有入宋求法之志，九八二年獲得東大寺與延曆寺入宋之牒。翌年，乃與其弟子成算、祚壹、嘉因等，乘宋船入宋，參詣天台五台山，晉謁宋太宗，並巡歷洛陽龍門等佛蹟。在宋凡三年，九八六年七月，乘宋船歸國；並攜漢板蜀本大藏經及旃檀佛像等(6)。奝然歸國之翌年，復遣弟子嘉因乘宋商鄭仁德之船，施財供於五台山，並謝奝然在宋所蒙之恩，而獻土宜。

當奝然歸國時，延曆寺僧源信（惠心僧都）曾撰成往生要集一書，因念宗教不分國境，久欲致之於宋，以結往生極樂之緣。未幾，源信適遇宋商朱仁聰等歸國，乃以往生要集託宋商贈於天台山之國清寺。往生要集傳入宋代後，似深予宋人以刺戟。宋商周文德送源信之書狀云：往生要集納入天台山國清寺後，緇素隨喜，貴賤歸依，結緣男女五百餘人同時出家，卽投淨財施入國清寺，並欲描繪源信之影像，稱之爲日本教主源信大師。續本朝往生傳中，亦謂宋人後又求源信之像，使弟子承圓描之，宋人稱之爲楞嚴院源信大師而禮拜之。惟據成尋所撰之參天台五台山記所載，則知源信所送之往生要集，概僅存於宋婺州七佛道場行辿和尚之手，天台山國清寺及諸州寺均未流行，全與周文德之說相反。此或因當時渡至日本之宋商周文德，因欲求獻於源信，或欲源信供給其衣糧，故意誇大其詞歟？

九九二年，源信復以其所著之因明論疏四種，相違略註釋三卷，託宋商楊仁紹贈宋婺州雲黃山七佛道場行辿和尚。彼又抄一本託行辿轉贈慈恩寺弘道大師門人，以求唐僧之嚴正批評。惟始終竟無覆音到來，故源信復著因明義斷纂要注釋一卷，於一〇〇一年，託宋杭州錢塘西湖水心寺沙門齊隱復送弘道大師門人，請其教正。蓋長安慈恩寺爲研究因明道場之策源地，弘道大師爲精究因明之祖故也。

宋眞宗初年源信之弟子寂昭，偕其徒念救、元燈、覺因、明蓮等入宋，於一〇〇三年八月，舟發自九州肥前，九月抵明州，旋晉京謁宋眞宗，頗受優遇，賜紫方袍，授圓通大師號。巡遊天台山，訪四明傳教僧知禮，詢問其師源信所託之天台疑問二十七條。後任爲蘇州僧錄司，卒久留不歸，歿於杭州淸涼山麓（七）。

大雲寺僧成尋素有入宋之志，於一〇七〇年，奏請巡遊五台天台山聖跡，卒被勅許，並囑其將皇太后筆錄之經卷，安置於五台山文殊殿。時成尋年已六十二歲，家中尙有老母，惟仍鼓其勇猛心，於一〇七二年三月十五日，乘宋商孫忠船入宋。同行者有賴緣、快宗、聖秀、惟觀、心賢、善久、長明七人，皆成尋弟子也。彼等於是月二十六日抵明州，四月至杭州，巡歷天台五台山，後至洛陽延和殿謁宋神宗，神宗賜以紫袈裟衫衣裙，授善慧大師號。當成尋由洛陽赴五台山時，神宗特遣使隨之，令各州出兵保護，並供給驛馬，頗加優遇。一〇七三年，賴緣、快宗、惟觀、心賢等五人準備歸國時，神宗託彼等致日本以『迴賜日本國』書，並金泥法華經及錦二十匹。百練抄延久五年（一〇七三年）十月條，謂『太宗皇帝獻金泥法華經、一切經錦二十段』恐卽指此而言也。

是年六月，賴緣等乘宋商孫忠之船，偕宋僧悟本歸國，賴緣等歸國入京，獻宋帝御筆文書及方物於日廷。日廷對宋帝之『迴賜日本國』書，因名分上關係，關於受納及答禮事，迭經會議，直至一〇七七年，始決定答禮品爲六丈織絹二百匹，水銀五千兩，並令長季朝臣草覆書。翌年正月，命僧仲回乘孫忠船入宋，復命宋帝，賜以慕化懷德大師之號而歸。

當仲回乘孫忠船歸國時，宋商孫忠復攜『賜日本國太宰府令藤原經平』牒狀至日本。日廷對此牒狀之受納，復一再會議，權中納言源經信力主受納，其結果則僅致覆書，而無答禮。一〇八〇年，孫忠又攜明州牒狀入越前敦賀，日廷對於此事，又迭經會議，直至一〇八二年，始命大江匡房作覆書。一〇九七年，宋人又齎牒狀來，日廷命太宰府送覆書於明州。一一一六年，宋商俊明等復攜牒狀至，其書曰：

『矧爾東夷之長，實惟日本之邦，人崇謙遜之風，地富珍奇之產。曩修方貢，歸順明時，隔闊彌年，久缺來王之義，遣逢熙旦定敢事大之誠。」

日廷對此牒狀，迭經會議之結果，終未致覆。按宋帝致日本之國書中，恆有「迴賜日本國」或「爾東夷之長」等字樣，是知北宋恆以對付藩屬國之態度對日本也。日本爲保持對等態度起見，故對於宋人牒狀，亦屢經會議而始決。惟關於「大宋國牒狀」之頒發，而由明州刺史頒發者，亦屬不少；蓋明州刺史爲使宋商貿易上便利計，往往頒發一牒狀也。

入宋僧至宋時，例皆先獻方物於宋；如奝然獻宋太宗以日本職員令年代紀，孝經鄭氏註各一卷，寂昭獻眞宗以無量壽佛像水晶念珠等，成尋獻神宗以銀香爐念珠五串等，乃其最顯著之例證。元史外夷傳日本條，謂：「熙寧（宋神宗年號）以後，連齎方物，其來者皆僧也；」是宋人因入宋僧咸攜方物來，故恆視入宋僧爲方物使也。日僧至宋後，宋帝頗加優遇，往往賜以紫衣，授大師號；如奝然謁太宗時，太宗問日本風土文物，使以筆對之，賜紫衣，授法濟大師之號。當入宋僧巡遊聖蹟時，宋帝復極力與以便利，詔令所經過道縣，供給食糧與驛馬，頗加優遇。

入宋僧至宋，非若入唐僧之先歷訪碩德而學法者，亦非爲利國利衆生而求法者，乃爲消滅自己罪惡，爲後生菩提而巡拜佛蹟者也。奝然自述其入宋之志願曰：『奝然願參五台山，欲逢文殊之卽身，願次詣中天竺，欲禮釋迦之遺蹟。』又曰：『得到唐朝，有人問我曰：汝是何人，捨本土朝巨唐，有何心有何願乎？答曰：我是日本國，無才無行一羊僧也，爲求法不來，爲修行卽來也。』成尋之入宋請狀中，亦謂：『若人聞此五台山名，入五台山，取五台山石，踏五台山地，此人超四果聖人，爲近無上菩提者。……某性雖愚魯，見賢思齊，巡禮之情，歲月已久矣。』是知五台山自入唐僧靈仙圓仁等巡禮以來，殆爲日本僧侶極欲參詣巡禮之地，俾藉以消滅自身罪惡，爲後生菩提也。

入宋僧仍承前代遺風，爲欽慕中國文化而入宋，歸國時恆攜入日本所無之書籍。如入宋僧奝然之攜回品中，有宋太宗所賜之印本大藏經及新譯經二百八十六卷，均藏於京都法成寺，此印本大藏經之傳入，實影響於日本之開版事業不少。成尋雖歿於宋，惟於一〇七三年，趁其弟子賴緣等歸國時，令送若干新譯經典。成尋在太平興國寺傳法院時，復得顯聖寺印經院印本新譯經二百七十八卷，蓮華心輪迴文偈頌一部二十五卷，秘藏銓一部三十卷，逍遙詠一部十一卷，緣識一部五卷，景德傳燈錄一部三十三卷，胎藏教三册，天竺字源七册，天聖廣德錄三十卷，共四百餘卷。此概由賴綠等歸國時攜回者也。

入宋僧歸國時固多攜入多數宋經返國，而日僧入宋時亦多攜日本經典以補宋朝之佚亡書籍。如奝然入宋謁太宗時，獻孝經鄭氏注一卷越王孝經新義一卷；寂朝入宋謁眞宗時，獻大乘止觀及方等三昧行法等；成尋攜天台眞言等經六百餘卷入宋，本欲就長安青龍寺之經典考證其儀軌之訛謬者，及至晉謁神宗，乃悉獻之於神宗。杭州奉先寺僧源清以自作之法華示珠指龍女成佛義及十六觀經記等七卷，贈日本比叡山，而求宋朝所缺之仁王般若經疏、彌勒成佛經疏、小彌陀經疏並決疑金光明經玄義等；天台座主覺慶乃抄此等經疏贈之。蓋宋承唐末五代之擾亂，典籍佚亡甚多，文化衰微不振，而日本當藤原時代，自國文化亦甚發達，佛教之興隆、亦日甚一日故也。

(二)　南宋時代

南宋時禪宗已達爛熟時期，日僧入宋學禪者，接踵而至。彼等在宋遊覽之地，僅限於以臨安爲中心之江南一帶。蓋禪宗名刹多散布於江南，江北地帶復爲金人所佔有，不能任意巡遊故也。南宋時入宋僧之見於史籍上者，若就年代順序言之，入宋較早者以重源爲最，重源亦稱俊乘坊，一一一六七年入宋，因五台山佛蹟爲金佔領，乃改詣天台山育王山，歸國時齎回宋版大藏經，淨土五祖像及十六羅漢像等；並重建東大寺，修造育王山之舍利殿，對於社會事業亦功勳昭著。明菴榮西爲日本禪宗之開祖，一一六八年入宋，巡遊天台山及育王山佛蹟，歸國時齎回茶種，及天台山之新章疏六十卷，喫茶之風遂傳入於日本。榮西於一一八七年復再次入宋，學禪於天台山萬年寺之虛菴懷敞，後隨懷敞移住於天童山，遂嗣其法，宋孝宗賜以千光法師之號。歸國後建立建仁寺於京都，建壽福寺於鎌倉，盡力鼓吹禪宗，遂爲日本禪宗之開祖。

覺阿於一一七一年，偕其法弟金慶入宋，掛錫於靈隱禪寺，參詣佛海慧遠，後歸國傳禪宗。俊芿爲泉涌寺之開山祖，於一一九九年，攜其弟子安秀長賀入宋，巡遊天台山，又學律宗於明州景福寺之如菴，又赴明州雪竇及臨安府徑山學禪；復學天台宗於華亭縣超果院；後又至臨安與禪教律諸名僧論道。彼在宋凡十二年，歸國時齎回律宗大小部文三百二十七卷，天台教觀文字七百十六卷，華嚴章疏百七十五卷，儒道書籍二百五十六卷，雜書四百六十三卷，法帖御書堂帖等碑文七十六卷，水墨羅漢十八幅，及其他釋迦佛像等。

良祐一名色定號安覺，以寫經而著名者也。一一八七年，良祐二十九歲時，即有寫一切經典之願，直至七十歲，凡四十二年間寫畢五千餘卷。其間彼曾參詣香椎山彥山，或旅行長門京都等處，雖在旅行船中或步行中，仍寫經不休，所謂『一筆一切經』者，當時盛傳一時之佳話也。良祐概於一二〇七——一二年間入宋，至一二一四年始歸國。淨業於一二一四年入宋，學戒律於中峯之鐵翁，理宗賜以忍律法師號，在宋十四年，歸國時攜回經典佛像等甚多，在京都建立成光寺，與泉涌寺同爲學律者之淵藪。慶政號勝月房，因慕釋迦聖跡，入宋求法，於一二一七年歸國，因欣求淨土心切，筆錄往生傳甚多，後開法華山寺於京都西山，寂於一二六八年。榮全之弟子明全，於一二二三年，攜弟子道元、廓然、亮照入宋，翌年在天童山於其先師榮西之忌辰，捐楮卷千緡於諸庫，後寂於天童山。道元隨明全入宋，歷訪天童山徑山，學禪於天童山之如淨禪師，於一二二七年歸國，開興聖寺於山城，又建永平寺於越前，爲日本曹洞禪宗之開祖。榮西之法孫圓爾辨圓，於一二三五年入宋，巡遊天童、淨慈、靈隱諸寺，復登徑山，學法於無準師範，於一二四一年歸國後，開東福寺於京都，號聖一國師，專努力於禪宗之弘布。彼之門下悟空敬念、心地覺心、無關普門、山叟惠雲、無外爾然、白雲惠曉等，均陸續入宋求禪與辨圓同時入宋之榮尊在宋歷訪江南之禪林學徑山無準師範之法，歸國後，開萬壽寺於肥前。法心爲島圓福寺之開山在宋曾學法於徑山之無準師範。隨乘湛慧爲筑前榮福寺之開山，精於顯密二教，在宋時曾嗣無準師範之法，並請益於辨圓，其入宋之年，概略在辨圓歸國以前也。

湛海字聞陽，俊芿之弟子也。彼於嘉禎末入宋，留住於明州白蓮教寺數載，彼因慕寺中佛舍利，欲得不能，故一度歸國後，又再次入宋。彼因再建寺院有功，卒得經典數千卷及佛舍利而歸，供奉之於泉涌寺。妙見道祐於嘉禎年中入宋，學徑山無準師範之法，一二四五年歸國後，隱居洛北之妙見堂。大歇了心爲行勇之弟子，入宋後遍遊禪林，歸國後住壽福寺，旋移住於建仁寺，制服制禮典。明觀智鏡乃俊芿弟子，於一二三八年入宋，與宋僧蘭溪道隆相友善，曾慶勸其東渡，歸國後住泉涌寺。一翁院豪於一二四三年入宋，參詣徑山無準師範，歸國後住上野長樂寺，宋僧兀菴普寧與無學祖元東渡時，曾過問之焉。

濟寶爲太宰府觀世音寺中興之祖，概於一二四三——六年間入宋，巡遊佛教聖蹟，歸國後，炊觀世音寺之荒蕪，乃勸募再建之。悟空敬念爲辨圓弟子，在宋時參詣無準師範，一二六四年歸國後，，遊鎌倉謁兀菴普寧後隱居於筑前之首羅山。當兀菴普寧返宋時，曾途寓於博多之聖福寺，見敬念大喜，乃結菴於聖福寺側而居之。心地覺心號法燈圓明國師，曾師事天祐思順及退耕行勇於一二四九年攜覺儀觀明入宋，登徑山學法於癡絕道冲，繼遊育王山，後嗣臨安府護國仁王寺無門慧開之法。彼在宋六年，頗受宋禪師之感化，歸國後開興國寺於由良，紀州畿內地方歸依之者頗夥。辨圓之弟子無關普門於一二五一年入宋，登淨慈山學法於斷橋妙倫，在宋十一年，歸國後住東福寺，後開南禪寺於京都，謚號大明國師。無象淨照亦辨圓弟子，一二五二年入宋，巡遊徑山及育王、天台、天童、淨慈諸山，參詣石谿心月、虛堂智愚，在宋十三年，與圓海同船歸國。京都之佛心寺，丹後之寶林寺，常陸之興禪寺，博多之聖福寺，均爲圓海所開創。後著興禪記以辨駁叡山僧侶之誣衊。道元之弟子寒巖義尹，乃肥後大慈寺之開山，於一二五三年入宋，參詣淨慈山之虛堂，靈隱山之退耕等。彼在宋十四年，歸國後開大慈寺於肥前。樵谷惟僊爲信州安樂寺之開山，於建長末入宋，巡遊徑山、天童山、育王山，請教於虛堂、偃溪及別山智等。南浦紹明於一二五九年入宋，歷訪諸刹，請教於淨慈山之虛堂智愚，遂嗣其法。彼在宋八年，歸國後歷住京都之萬壽寺，鎌倉之建長寺等。其弟子大燈國師妙超爲大德寺之開山，日本純粹禪宗至南浦紹明而始隆盛。

眞照爲圓照弟子，號實乘房，精通戒律，於一二六二年歸國，先住東大寺戒壇院，後移住於泉涌寺。道元之弟子徹通義价於一二五九年入宋，參詣天童山禮祖塔等，在宋四年，歸國後爲加賀大乘寺之開山。寂庵上昭爲鎌倉壽福寺僧，入宋後與南浦紹明、無象靜照、樵谷惟僊等同參虛堂、偃溪諸老，後歸國至鎌倉，歸依大休正念，旋住嘉福寺。定舜之弟子自性道玄入宋後深究戒律，歸國後住泉涌寺，著比丘鈔解一卷。辨圓之弟子山叟惠雲於一二五八年入宋，學法於淨慈山之斷橋妙倫，一二六八年歸國，先住於博多之承天寺，繼住於崇福寺，後開勝滿寺於陸奧。無外爾然亦辨圓弟子也，入宋年代未詳，歸國後開實相寺於三河，請辨圓爲第一祖。

蘭溪之弟子無隱圓範，入宋後遍遊江南諸地，歸國後歷住建仁、圓覺、建長諸寺。林叟德瓊亦蘭溪弟子也，入宋後歷訪江南寺林，歸後住於鎌倉之禪興寺、壽福寺。兀菴普寧之弟子南洲宏海，由宋歸國後住淨智寺，嗣其師兀菴普寧之法。巨山志源入宋後，登徑山學法於虛堂智愚，歸後住鎌倉之禪興寺。兀菴普寧之弟子圓海，與靜照同船歸國，開佛心寺於京都。蘭溪之弟子約翁德儉於建長年中入宋，參詣育王、天童、淨慈、靈隱諸寺，歸後住建仁寺，後移住於建長、南禪諸寺。眞翁智侃初爲蘭溪弟子，於文永年中入宋，歸國後嗣辨圓之法，開萬壽寺於豐後。辨圓之弟子藏山順空於一二六二年入宋，參詣徑山之偃溪廣聞及斷溪妙用諸名宿，歸國後開高城寺於肥後，後住筑前之承天寺。總覺初詣兀菴普寧於建長寺，入宋後遍遊名山，謁見諸名宿，歸國後隨從大休正念，開淨福寺於越前。兀菴歸國之年，恐即爲總覺入宋之年也。

辨圓之弟子白雲惠曉於一二六七年入宋，遊歷兩浙，參詣瑞岩之希叟紹曇而嗣其法，歸國後住於東福寺。京都勝林寺僧玉堂瓊林於文永年中入宋，參詣徑山之虛舟普度而嗣其法，歸國後住於勝林寺。龍峯宏雲於一二七九年入宋，歷訪諸名刹，於一二七九年隨無學祖元歸國，建平田寺於遠州。蘭溪之弟子無及德全於一二七九年奉北條時宗命，與宗英同船入宋，迎無學祖元東渡。靈果於一二七九年隨元將范文虎之使者同船歸國。至其他成覺、思齊、勝辨、覺儀、源心、常禪房、海月、明心、寂岩、了禪、忍無、傳聖禪等，均相繼入宋求法，至若未見於史籍上之入宋僧，更不知凡幾也。

入宋僧一覽表

人名	入宋年代	在宋年數	根據史料
重源	一一六七年	一年	元亨釋書　東大寺供養記等
榮西	一一六八年 一一八七年	一年 四年	元亨釋書　吾妻鏡等
覺阿	一一七一年		元亨釋書等
金慶	同上		同上
練中、勝辨	一一八九年		訂補建撕記
俊芿、安秀、長賀	一一九九年	十二年	泉涌寺「不可」棄法師傳
安覺良祐	一二〇七——一二一二年		同上
淨業	一二一四年 一二三三年	十四年 八年	本朝高僧傳山城名勝志
慶政	一二一七年歸國		慶政上人傳考
道元、明全、廓然、亮照	一二二三年	四年	永平三祖行業記　訂補建撕記
圓爾辨圓榮尊	一二三五年	六年	聖一國師年譜　榮尊和尚年譜
湛海	一二四四年歸國 一二五五年歸國	七年	本朝高僧傳
湛慧	嘉禎頃		聖一國師年譜

法心	嘉禎頃	九年	元亨釋書　本朝高僧傳
道祐	一二四五年在宋		東巖安禪師行實
了心			扶桑五山記
智鏡	一二三八年		律苑僧寶傳
院豪	一二四三年		佛光國師語錄
濟寶	一二四三——六年		本朝高僧傳
悟空	一二四五年在宋		東巖安禪師行實
覺心、覺儀、觀明	一二四九年	六年	本朝高僧傳
無關普門	一二五一年	十一年	無關和尚塔銘
無象靜照	一二五二年	十三年	無象禪師語錄
源心	一二五三年在宋		圓明國師行實年譜
寒巖義尹	一二五三年	十四年	寒巖禪師略傳
約翁德儉	建長中入宋	八年	佛燈國師塔銘
樵谷惟僊	建長末入宋		扶桑五山記

山叟惠雲	一二五八年		佛智禪師傳
南浦紹明	一二五九年		大應國師語錄　鎌倉五山記
眞照	同上	三年	圓照上人行狀
徹通義价	同上		永平三祖行業記
寂菴上昭	正元頃		鎌倉五山記
自性道玄			本朝高僧傳
無外爾然			聖一國師年譜
無隱圓範			鎌倉五山記
圓海	一二六五年歸國		法海禪師行狀記
眞翁智侃			聖一國師年譜
藏山順空	一二六二年	七年	元亨釋書
總覺			本朝高僧傳
白雲惠曉	一二六六年	十三年	佛照禪師塔銘
圭堂瓊林	文永中入宋		本朝高僧傳

龍峯宏雲	一三七九年	一年	名利由緒書
無及德全	同上	一年	鎌倉五山記
靈果	一二七九年歸國		關東評定傳

南宋時，日僧入宋學禪者固屬頻繁，而宋僧至日者亦屬不少。蘭溪道隆（大覺禪師）開日本禪宗濫觴，乃於一二四六年，偕其弟子義翁紹仁、龍江等遊化日本，是爲宋禪僧東渡之嚆矢。是時握日本政治大權之北條時賴，慨舊教天台、眞言諸宗不能脫離舊勢力之羈絆，更欲獲得宗教上之實權，乃建大伽藍於鎌倉，使鎌倉成爲政治及宗教上之中心地，以與京畿地方諸舊寺院相對峙；故決意採用中國化之禪宗，招道隆至鎌倉，於一二四九年開建長寺於鎌倉，使之爲開山第一祖。一二五五年，時賴更勸募禪徒，鑄造巨鐘，道隆自作鐘銘，署名「建長禪寺住持宋沙門道隆」，是爲日本有禪寺名之始。當時日本舊教諸宗，逞私營利，腐敗墮落，而禪僧則質樸寡慾，專心爲道，與素以勤儉樸實爲旨趣之鎌倉武士，正相符合。又禪寺規矩之嚴正，亦爲重禮節尚志氣之鎌倉武士所欽悅。故禪宗在鎌倉幕府保護之下，得如順風使帆之順利。在榮西提倡禪宗時，向遭舊教徒之阻害，惟此時舊

教對此亦莫可如何，其前與天台、眞言相混淆之禪宗，至是亦得獨立矣。

宋僧兀菴普寧因受道隆等之敦勸，乃於一二六〇年東渡，彼由博多至京都，訪法弟辨圓於東福寺，因受北條時賴之敦請，承道隆之後住鎌倉建長寺。時賴屢就普寧修禪，至一二六二年卒頃得大事，達徹底大悟之域。於是鎌倉武士與禪宗遂結不解之緣焉。蓋時賴爲幕府之中心人物，彼之熱心皈依禪法，並得普寧之印可，對於鎌倉武士實予以莫大之興奮與刺戟故也。普寧於時賴卒後，因舊教徒嫉其聲望而誹謗之，乃於一二六五年忽留一偈而返宋(8)。

普寧歸宋後，道隆乃由京都之建仁寺返鎌倉禪興寺，至一二七八年，寂於建長寺。一二六九年，宋僧大休正念（佛源禪師）至日，先生鎌倉之禪興寺，繼住建長、壽福、圓覺諸寺，鼓吹其師石谿心月之宗風，北條時宗屢就之修禪，鎌倉武士歸化之者甚夥。一二七一年，宋僧西澗石曇（大通禪師）繼正念至日，巡遊京都鎌倉諸刹，在日七年返宋。

執權北條時宗亦熱心皈依禪法者也，彼於一二七八年冬，曾自作請帖，遣德詮宗英二僧入宋，迎無學祖元（佛光國師）至日本。祖元先住鎌倉之建長寺，北條時宗一族均就之學禪，鎌倉武士皈依之者亦甚多。後時宗建圓覺寺於鎌倉，亦請祖元爲其開山祖。時宗夫人覺山志道大師於時宗歿後，亦就祖元落髮，並修鎌倉之道心寺，改寺號爲東慶寺，終生住此修禪，以弔時宗之菩提。又據道隆、正念、祖元三語錄中所載，當時女子皈依禪法者，亦達三十餘人，並非僅時宗夫人一人而已也。與祖元同時至日本者，尚有鏡堂覺圓（大圓禪師）及梵光一鏡二人。覺圓爲祖元之法姪，天童山環溪惟一之法嗣也。至日本後，歷住禪興、淨智、圓覺、建長、建仁諸寺。一鏡爲祖元弟子，以佐祖元鼓吹禪風而著名。又據佛光國師語錄所載，在祖元東渡之前，宋僧古澗亦曾至日本一行也。

宋日交通路

（1）參照小野玄妙之吳越王錢弘俶造金塗塔私考。
（2）見本朝文粹卷六之爲清慎公報吳越王書。
（3）見本朝文粹卷七之爲右丞相贈大唐吳越公書狀。
（4）見小右記及百練抄。

(5)見吾妻鏡及善隣國寶記所引正續院佛牙舍利記。

(6)見西岡虎之助氏之奝然入宋考。

(7)見西岡虎之助氏之入宋僧寂照研究。

(8)其偈曰「無心遊此國，有心復宋國，有心無心中，通天路頭活。」（見兀菴禪師語錄。）

第九章　宋日交通之影響

宋日交通雖不及唐日交通之頻繁，惟南宋時宋禪學之新文化，頗能應日本武家之好尚；故日人又極力吸收宋人文化，日僧入宋求法者亦絡繹不絕。商人僧侶移植宋文化之結果，影響於日本者，實屬頗鉅；茲摘要臚陳於次：

一、宋禪僧與日本武士　宋文化之東渡，除由入宋僧輸入外，而歸日宋僧亦佔居重要地位。日本執權北條時賴，於握得政治大權後，復欲獲得宗教實權，乃招宋禪僧蘭溪道隆、兀菴普寧、無學祖元等相繼至鎌倉，盛倡禪宗，以與京畿諸舊教相對峙。嗣因以樸素寡慾爲宗旨之禪宗，深爲鎌倉武士所欽悅，故時賴以下鎌倉武士漸多熱心參禪皈依禪法，卒因禪學之修養，破碎生死之牢關，雖遇未曾有之大難，亦能從容行事，斷然行其所信。傳曹洞禪宗之僧祖元謂「若能空一念，一切皆無惱，一切皆無怖，猶如著重甲入諸魔賊陣，魔賊雖衆多，不被魔賊害，掉臂魔賊中，魔賊皆降伏」(1)。此種說禪法，實予鎌倉武士以心的興奮不尠也。當元軍大舉東征，日本忽遭此空前未有之災難時，鎌倉武士均能斷行其所信，從容以息此大難者，實得力於修禪之功爲多也。

二、宋書之輸入　日僧入宋者多攜經籍歸國，宋僧及商人至日者亦多攜經典往；故宋代書籍盛行輸入於日本。宋眞宗景德三年（一〇〇六年），宋商曾令文贈白氏文集及五臣注文選於攝政藤原道長，道長更獻之於朝廷。入宋僧念救歸國時，獻摺本白氏文集於藤原道長，道長更獻之於皇太子（以上均載於御堂關白記。）宋仁宗初年，大中臣輔親購宋商之唐曾玉篇、白氏文集等獻於朝廷；關白賴通爲參觀此新渡來之書籍，特親往輔親邸觀覽（見小右記。）宋高宗紹興二十年（一一五〇年），宋商劉文冲贈五代史記、唐書、東坡指掌圖於藤原賴長，翌年，賴長以沙金回贈之（見宇槐記抄。）

李昉等奉勅撰成之太平御覽，久爲日鮮人士所欽慕，屢遣使索求而不得，宋孝宗時，始入於日本平清盛之手，清盛更獻之於安德帝（見山槐記；）是爲太平御覽傳入於日本之始。其後，權大納言藤原師繼以錢三十貫購得宋商之太平御覽一部千卷，太平御覽始得盛行輸入於日本。

一二一一年，入宋僧俊芿歸國時，曾攜回儒道書籍二百五十六卷（見不可棄法師傳，）其書名雖不詳，惟按當時朱熹集宋學之大成，所著大學中庸章句、論孟集註刊行之時，適當俊芿歸國之年，俊芿齎回之儒書恐卽朱子四書之類。朱子四書東渡之結果，日人研究宋學者遂漸次興起。一二四七年，宋槧本論語集註十卷之覆刻，此遂開日本翻印儒書之濫觴也。

宋版之一切經，亦於是時陸續傳入日本。當宋太宗太平興國八年（九八三年），大藏經撰成之年，適值入宋僧奝然在宋，奝然以印本大藏經奏請，太宗詔許之，奝然歸國時，乃攜至日本，是爲大藏經傳入日本之始。宋神宗時，入宋僧成尋亦託其弟子攜開寶勅版大藏經至日（2）。徒然草中亦謂：『入宋沙門道眼上人齎來一切經，安置於六波羅傍之燒野，特講首楞嚴經，號那蘭陀寺。』是知宋版大藏經是時亦盛行輸入日本矣。當時宋版大藏經傳入於日本者，計達三種：最古者曰蜀本，亦稱官本，乃由奝然齎入者。次曰私版之福州本，福州本又分福州東禪寺版及福州開元寺版二種，福州東禪寺版乃宋神宗時慧空大師沖眞等之發願彫刻者，福州開元寺版乃宋徽宗時淨慧大師法超等之發願彫刻者。二者現仍存於東京宮內省圖書寮，京都知恩寺，高野山勸學院及東本願寺等中。次爲南宋之思溪本，現存於增上南禪等寺中之大藏經，卽思溪本也(8)。

三、印刷術　宋版書籍及大藏經等既盛行輸入日本，影響於日本印刷術者實屬不少；就中禪籍之刊印，尤深予日本印刷史上一新紀元。按宋禪寺恆以印刻諸經爲功德，往往募捐刊印禪書，廣爲傳播流布，雖海外嗣法之弟子，亦託便贈之，俾便於令其參究領悟。如一二四二年，天童山以如淨禪師語錄贈日本之越前永平寺僧道元；嘉元中，徑山以虛舟和尚語錄贈日本之勝林寺僧圭堂瓊林，乃其顯著之例也。此種風尚傳入日本後，日本禪林亦相率傚尤，爭相刊印禪書；如宋育王山禪師拙菴德光以潙山大圓禪師警策一書贈日本攝津三寶寺之大日能忍，能忍更印刻流布之於全島。入宋僧直翁智侃，攜大川濟校正之大覺禪師語錄歸國後，特印刻流布之。此外，刊印之各種禪書實不勝枚舉。當時所謂春日版、高野版及其他禪林之開版事業漸次發達。及至次代，乃益興隆，遂有五山版之出現焉。

四、曆學　日本於唐室末葉採用宣明曆以來，迄至德川中葉，仍沿用之。當宋代初年，賀茂保憲編纂曆書，分曆與天文爲二，其後陰陽五行之說流行，基於宿星之方位，卜氣運之吉凶，仕於日廷之曆博士，其曆法雖仍因循無進步；惟僧侶之曆法，因入宋僧之相繼渡宋，多習得宋代已進步之曆學，或間接受其影響，故多有精於曆學者。自宋太宗末年以來，僧侶參與造曆之例已開其端，稱造曆僧曰宿曜師，稱其道曰宿曜道，其造曆之精，猶在曆博士之上。一〇一五年，曆博士賀茂守道特請仁統法師與之共造曆法，乃其明證也。

五、醫學　僧侶看病古已有之，平安時代，僧侶亦多兼醫藥業者。入宋僧榮西得宋醫口傳，歸後著喫茶養生記。隨道元入宋之木下道正，亦習得解毒丸之製法，歸國。宋醫郎元房得執權北條時賴等之知遇，爲其侍醫，住鎌倉三十餘年，貢獻於日本醫學界者不少。現存於東京宮內省圖書寮之魏氏家藏方十一册，乃宋寶慶三年之槧本，據屋代弘賢氏之考證，此書原藏於東福寺之普門院，乃聖一國師（圓爾辨圓）由宋攜入者。果此考證正確不謬，則此書實爲當時介紹宋醫藥方之實鑑也。

五、建築　當時建築因受宋禪宗之影響，亦呈顯著變化，近住宅建築盛行之書院造及玄關，乃受禪寺廻廊等之影響，蛻化而成者，如大德寺之玄關是也。寺院建築受宋代影響之最著者，爲天竺式及唐式。天竺式爲入宋僧重源傳入者，而宋人陳和卿亦與有力焉。重源爲準備重建東大寺大佛殿，曾一再入宋，考察寺院建築，並以周防木材修築宋明州育王山舍利殿，作寺院建築之實驗，遂將宋之天竺式造傳入日本。近播磨淨土寺之淨土堂，山城醍醐寺之經藏，乃天竺式寺院造之遺物也。

唐式一名禪宗式，概為入宋僧榮西及辨圓傳入者。榮西曾兩次入宋，並營修宋天台山萬年寺及天童山千佛閣等，頗有建築經驗，故其歸國後在博多建立之聖福寺，在鎌倉建立之壽福寺，在京都建立之建仁寺，均仿宋禪寺之式樣建築而成者也。圓爾辨圓在宋徑山住六年，目睹無準師範之建立幾多禪刹伽藍於徑山，飽觀禪宗式之建築；故其歸國後，仿宋之禪宗式建築，建立東福寺於京都。惟此等寺院之建築，乃夾雜天台眞言宗之建築，非純粹之禪宗建築也。直至一二五三年，北條時賴為迎入宋禪師蘭溪道隆，創建長寺於鎌倉，純粹禪宗建築之規模，始名實俱備。此後禪刹伽藍之新建或重建，往往有至日本之宋僧參與其間。入宋僧徹通義价齎回之大唐五山諸堂記，並將宋禪寺堂內之諸種設備，亦傳入於日本矣。

六、美術工藝　日本繪畫受宋畫影響最顯著之點，為色彩淡薄，用筆巧妙，描線之粗細顯著。如奈良藥師寺之佛涅槃畫，色彩淡雅瀟灑，臉上眼窩俊秀，豐頰，輪廓多變化，此實受宋代新藝術之影響者也。

肖像畫因受宋禪宗傳入之影響，亦甚流行。蓋禪宗貴行頂相授受之禮，弟子若受其師之印可，往往受其師之頂相即肖像以爲證，故禪宗盛行之結果，肖像畫頗稱發達。日本禪僧既多入宋求法，宋禪僧之肖像遂多攜至日本，日本肖像畫遂亦因之而發達(4)。如宋禪師無準師範之肖像畫，乃爲入宋僧圓爾辨圓攜來者，近仍藏於東福寺。此畫之著色畫法，均堪稱爲南宋寫實的模範肖像畫，影響於日本之繪畫實屬不少也。

日本彫刻受宋代文化影響之最著者，爲宋鑄佛師之參與鑄造東大寺之大佛像。當重源督造京都東大寺時，重源曾招致宋人陳和卿等參與鑄佛。據東大寺造立供養記所載，東大寺之大佛像乃爲陳和卿與其弟陳佛壽等宋工七人鑄造者，南大門之石獅子及四天王像，乃爲宋工字六郎等四人造成者。東大寺續要錄造佛編亦有此同樣之記事。

在日本工藝方面受宋代影響之最著者，爲製陶器法之傳入。一二二三年，加藤四郎左衛門懷其父製陶器之失敗，乃隨永平寺僧道元入宋，學陶器製法於天目山，在宋五年歸國，先開窯於京都近傍，不幸失敗，繼由美濃至尾張瀨戶，卒發現良土，試驗成功，瀨戶燒之名遂盛傳一時，在日本製陶器史上遂開一新紀元焉(5)。

日本織物因受宋代之影響，亦有長足進步，所謂博多織者亦因之而起。博多記云，彌三右衛門曾隨東福寺僧圓爾辨圓入宋，習得織物而歸，於是在博多創博多織。明月記中謂一二三〇年正月之最勝光院供養日，日本男女多著唐綾織物及唐綾小袖等，多模擬宋人服飾。此外，尤喜購用宋人商品。據延喜三年八月一日官符云，當宋人商船著岸時，諸宮王臣家多遣使爭購，太宰府管內之富豪亦時營投機貿易，使物價不得平準(6)。至若當時宋人商舶之交易品，概爲綾、錦、羅、瑠璃壺、藤茶碗、瑪瑙帶等工藝精製品，及麝香、紫檀、蘇方、陶砂、藥種等珍重品。中右記中之所謂『唐人所獻翫物』，及『多加藥種於唐式膳者』，可知是時兒童玩具及烹調之法，亦由宋傳入日本矣。

七、茶道　茶道亦爲宋文化移植於日本者之一。當奈良時代，茶已傳入於日本，惟僅供藥用。鎌倉時代入宋僧榮西於一一九六年，攜茶種歸國，初植之於筑前脊振山，其贈與明惠上人之茶種，亦植於京都栂尾山，相傳栂尾山之茶，爲當時日本第一產茶處，種茶之風自是始遍布於全國。一二一四年，將軍實朝患病，榮西聞之，乃獻茶於將軍。其所著喫茶養生記，亦謂喫茶能養生延齡，又可解悶覺睡，爲修禪之資。於是喫茶之風，遂由公卿禪僧之間，漸次推行於民衆。茶道之開催，茶會之流行，甚至賭茶豪飲以決勝負者，亦逐漸盛行於日本也。

八、佛教　宋禪宗之東渡，影響於日本佛教文化者，實屬至鉅。至若律宗之復興，淨土教之盛行，亦莫不受宋代之影響。當時盛行於公卿武士間之禪宗，其禪寺之著名者，爲鎌倉、京都之五山，所謂五山者乃禪宗之五官寺，模擬宋之五山十刹制，爲禪宗之專門修道場也。按宋代之五山，爲徑山萬壽禪寺，靈隱山景德靈隱禪寺，天童山景德禪寺，淨慈山報恩光孝禪寺，育王山廣利禪寺，此均與日僧有密切之關係。育王山在明州東方五十里，在禪院五山中與日本交涉往來最早者，以此山爲最。平重盛時代，曾遣妙典施黃金於此山之廣利寺，入宋僧重源亦輸送周防木材建此寺之舍利殿，日僧榮西、心地覺心、無象靜照、約翁德儉等，均陸續掛錫於此寺。

天童山在明州東六十餘里，日僧掛錫於此山之景德寺者，亦絡繹不絕。日僧登此山最早者爲榮西，榮西曾輸送日本多數木材，以營修此山之千佛閣。於是天童山之名，遂爲日人所熟知。入宋僧明全、道元咸掛錫於此。日僧圓爾辨圓、無象靜照等，來巡遊此山者，亦屬不少。

與日本最有關係之徑山，在臨安西北七十里，當無準師範（大鑑禪師）住此寺時，宋日僧侶參詣者頗夥；日僧圓爾辨圓、神山榮尊入宋時，曾參謁師範。歸日宋僧之兀菴普寧、無學祖元，亦徑山師範之弟子。日僧性才法心、一翁院豪、妙見道祐等掛錫於此者亦甚多。其後，日僧心地覺心、無象靜照、寂菴上昭等，亦相繼巡遊於此。至若距宋都臨安較近之靈隱淨慈二山，日僧掛錫或參謁於此者，亦在在有之也。

此等入宋歸僧歸國後，亦傳宋之五山十刹制於日本；在鎌倉建設建長寺、圓覺寺、壽福寺、淨智寺、淨明寺，曰鎌倉五山。在京都建立天龍寺、相國寺、建仁寺、東福寺、萬壽寺，曰京都五山。並建南禪寺，居於五山之上。自此以降，直至德川時代初期，五山僧侶除修禪外，並襄助幕府之外交事務及當代學術之維繫，頗居於重要地位也。

(1)見佛光國師語錄卷七。

(2)見鈴木直良氏之關於鎌倉之宋版大藏經（史林四卷二號）。

(3)見常盤大定氏之大藏經雕印考(哲學雜誌三一四號。)

(4)見澤村專太郎氏之禪宗之興盛與本邦肖像畫。

(5)見加藤唐四郎傳記、張州雜志及本朝高僧傳。

(6)見類聚三代格卷十九。

第十章　元代與日本之交通

一　元代與日本之貿易往來

忽必烈旣征服高麗，欲達到其統一東亞之理想，乃以高麗爲嚮導，兩次東征日本，元日國際關係遂險惡一時。嗣因元室鑒於隔海東征之困難，故復用寬大態度對付日本，並優遇其商舶。試觀世祖之置宣慰使於揚州淮東，詔諭沿海官司，命與日本通商，不難窺見其一斑矣（1）。同時日商爲黃金交易銅錢，貪圖貿易利益計，恆不畏艱險，赴元經商者，亦不受幕府任何制限；於是元日兩國間雖無正式交涉，而商舶之往來，恆絡繹不絕。惟是時往來之船舶，殆全爲日本商船，而非爲宋船，此則恰與上代相反者也。

當時赴元之日本商船，有僅以貿易爲目的者，有似海盜式之商船，遇機卽大行掠奪而變爲倭寇者，亦有在幕府保護下之半官營商船；就中以後者爲最盛行，如天龍寺船是也。按天龍寺船創始於將軍足利尊氏。尊氏悼後醍醐天皇之薨殂，思欲慰其靈魂，擬營造天龍寺於京都，苦乏資營造，乃藉通商貿易以籌資；於是天龍寺船之派遣，遂於此產生焉。據春屋妙葩氏之天龍寺造營記錄所載，一三四一年十二月，足利直義爲贊助營造天龍寺起見，派船二艘赴元貿易，不論交易損益如何，歸國後，須進納現錢五千貫文，以爲修寺之費。此種爲籌款而派遣之商船，與一三二五年，爲籌建長寺營造費而派遣之住吉神社船，俱含有宗教的慈善事業性質的商船也。續本朝通鑑云：「此後每年爲例，世稱之曰天龍寺船。」此不過僅語及幕府允許每年繼續派遣之事，而實際上天龍寺船之赴元者，並未如斯頻繁也。

元代對日之貿易港，以慶元（宋代明州）、泉州、廣州三港爲發達，尤以慶元爲最，日本商船之赴元者，殆皆入是港。如元史世祖本紀謂，至元十六年（一二七九年），日本商船四艘抵慶元，許與交易而歸。元史成宗本紀謂，大德十年（一三〇六年）四月，日本商人有慶到慶元貿易，獻金鎧甲；是其明證也。九州筑前之博多，仍爲日本之對元貿易港。日本商船之赴元者，概由九州之博多出發，橫斷東海，至元代慶元登岸。日本商船赴元者，多利用十月以後之東北季節風。歸航時，多利用四月以後之西南季節風。故航海日數較短於前，平均概爲十日左右也。

日本商船赴元貿易者，概依元之市舶抽分雜禁二十一條之規定。否則，不得許與貿易。據市舶抽分雜禁二十一條之規定，外國商船欲赴元貿易時，先在元之貿易港市舶司，領取公驗公憑，預請本國官署在公驗之空紙內塡寫姓名、貨物、件數、觔重等。元之市舶司據此照數點檢而後抽分之，限定四個月內發售完畢。又元人爲防止祕密貿易起見，凡外船未領驗憑者，不許擅行開船，違者杖百七，沒收其貨物，以其三分之一給與告發人。若因風波遺失驗憑時，市舶司問明查實後，得申請總府衙門，再發給之。如妄稱遭風波之難者，則令其回至起帆之港。至若元商欲赴海外貿易時，亦須呈報所在之市舶司，領取公驗公憑。歸國時，須到以前起帆之港，受市舶司點檢及抽分貨物後，始得發售於商賈。元代抽分貨物率，數粗貨爲十五分之一，細貨爲十分之一。泉州等市舶司除抽分貨物外，並徵收舶稅三十分之一；但尙無宋代博買其貨物之事也。

當時輸入於日本之商品，概以銅錢、香藥、經籍等爲大宗；文具、什器、茶、錦綾等次之。日本商品之輸入於元代者，則爲黃金、刀劍、扇、蒔繪、螺鈿、銅、硫黃等。元史日本傳謂，至元十四年，日本遣商人持金來易銅錢。大通禪師語錄年譜謂，日本遣商船求藏經於元國。藏經舍利記謂，鎌倉淨妙寺之太平妙準，令其徒安禪人入元，持黃金百鎰，購福州版大藏經。太平記謂，元至正二十七年，高麗使臣承元朝之命至日請禁倭寇時，日本回贈白太刀三把扇子三百把。由是可知元日兩國交易商品之種類也。

惟至元世祖東征以後，倭寇逐漸流行，往往因日本商船與倭寇船難辨；故元人雖許與日本交易，而常嚴爲警戒。當日本商船入港時，卽將其所攜兵器收藏於市舶司之倉庫，至回國時，始行發還，以防意外事件之發生。元史世祖本紀謂，至元二十九年十月，日本商舶到慶元求互市，舶中具有甲仗，元人恐其有異圖，乃設都元帥府，以哈剌帶爲將，以防海盜。元史兵志謂，大德十一年，日本商人與慶元之官司衝突，焚掠城內官衙寺院，罹兵火者甚多，是其明證也。

二　元日間之僧侶往來

(A)入元僧侶

日僧入元者，雖因元世祖東征而一時斷絕，惟自元成宗初年，元僧一山一寧至日本後，日僧受其感化而渡元者日有所增，甚至有數十人偕同入元者；如一三四二年，竺僊梵仙之弟子入元者凡二十五人。大拙祖能於一三四四年入元時，偕行者數十人。是知日僧入元者，其數當屬不尠也。惟因元室對倭寇極力警戒，故日僧渡元時，亦往往遭遇艱險，或因疑與倭寇有關，誤認爲間諜而逮捕者，亦在所不免；如入元僧雪村友梅因被疑爲間諜投於湖州獄中，乃其最顯著之例也。是時日僧入元者，較之上代，概多凡庸之才，而非俊傑之士，其平安歸國者亦多歿世而無稱；如一三五〇年，與龍山德見同時歸國之日僧十七人中，其載於本朝高僧傳與延寶傳燈錄而傳其事蹟於後世者，僅一清與妙奇二人耳。竺僊梵仙贈送行之偈於入元僧二十五人中，其列名於高僧傳中者，僅寶洲與性忠二人而已。入元僧巡歷之地，較前代爲廣。宋代僅限於臨安與明州各寺，而巡遊較遠之十剎者，尚無其人。及至元代，舉凡五山十剎及十剎外之甲等禪剎，入元僧概巡歷之。當時杭州之天目山，爲元代禪林之中心，恰與宋代之徑山相似，入元僧登此山而掛錫於此者，絡繹不絕也。日僧入元者固屬不少，其見於史籍上者，摘要臚陳於次：

圓種　圓種爲鎌倉極樂寺忍性之弟子，承忍性之旨入元，齎回一切經而歸。據極樂寺所藏之弘明集卷第九永仁元年（一二九三年）之題識及金澤稱名寺之鐘銘，彼恆自署爲入宋少僧或入宋沙彌；是知圓種之入元，概在一二九三年以前也(2)。

可庵圓慧　尾張人圓慧爲實相寺應通禪師弟子，於一二九六年二十八歲時入元，遍歷江浙禪林，約十三年而歸，開願成寺於三河，請其師應通禪師爲開山寂於一三四三年。圓通寺僧愚直師侃之入元年代，概與圓慧相近似。

龍山德見　一山一寧之弟子龍山德見，於一三〇五年入元，參詣天童諸名山，因嫌疑會一度被捕，後被赦，至一三五〇年歸國。同行者有圓薰、祥麟、一清、致柔、元東、守一、元榮、自肯、裏淨、清安、寬珍、祖麟、妙奇、智燈、妙愚、正幢、善慧等十七人。歸國後因足利尊氏直義之請，歷住天龍建長諸寺。隨德見來日之元人林淨因，曾以饅頭製法傳於日本。

無夢一清　一清於嘉元年間入元，歷謁元代諸名禪，得徑山古鼎之贊而歸，與德見一同歸國，歷住寶福東福二寺。

遠溪祖雄　高源寺之開山遠溪祖雄於一三〇六年渡元，在天目山師事中峯明本七年，卒嗣其法而歸。

雪村友梅　一寧之弟子雪村友梅於一三〇七年十八歲時入元，歷詣諸名宿。嗣因元人疑爲間諜，被捕入獄，刑官加以嚴刑，毫不懼且唱佛光禪師之偈曰：『乾坤無地卓孤筇，且喜人空法亦空，珍重大元三尺劍，電光影裏斬春風。』刑官聞之，感服不已，後聞於朝廷，乃被赦，於是道名盛傳於一時。彼於一三二九年歸國，建法雲寺於播磨，後住建仁等寺。其所著之岷峨集，乃謫滯於西蜀時撰成者也(3)。其弟子良樹曾攜友梅之語錄入元，歷訪諸名宿，求作題跋，在元凡十年，始歸國。

無著良緣　一寧之弟子無著良緣入元後謁古林清茂、清拙正澄等，在元凡二十年，歸國後爲建長寺第一座，後住京都西禪寺。一山國師語錄謂，一寧寂後，攜其語錄渡元，求序於靈石如芝之緣首座，恐卽良緣也。

嵩山居中　居中於一三〇九年入元，參詣天童山，未幾歸國。復於一三一八年二次渡元，參詣古林清茂、中峯明本等，於一三二三年歸國，歷住南禪建仁等寺，曾奉勅說禪要於宮中，足利尊氏直義亦屢就之問法。

復菴宗已　宗已於一三一〇年入元，登天目山，師事中峯明本。彼於中峯寂後歸國，開法雲清晉諸寺，歸依之者頗夥。光嚴天皇聞其有令譽，曾以勅書相召，稱病不出。足利尊氏亦曾遣使以禪要相問。

孤峯覺明　雲樹寺之開山孤峯覺明，於一三一一年入元，參詣天目山之中峯明本及其他諸名宿，歸國後創雲樹寺於出雲。當後醍醐天皇遷幸於伯耆時，曾召之至行在所受戒，並賜以國濟國師之號。後村上天皇皇后亦就之受戒，並加賜三光國師之號。其弟子仲藏主於一三六八年入元，請杭州淨慈寺用章俊禪師代撰其師之塔銘。

祖繼大智　瑩山之弟子祖繼大智於一三一四年渡元，歷謁古林清茂、中峯明本諸禪師，在元凡十年，歸國後建祇陀寺於加賀。

智演澄圓　一三一七年入元，登廬山，謁優曇普度大師，於一三二一年歸國，後村上、光明天皇悉皈依之。

古先印元　與明叟齊哲、業海本淨、無隱元晦三人同於一三一八年入元，師事天目山之中峯明本，在元八年，均與元僧清拙正澄同時歸國。石室善玖亦與印元等同時入元，師事建康鳳臺之古林清茂，在元八年，歸國。

寂室元光　與可翁宗然、鈍菴俊同於一三二〇年入元，歷詣古林、中峯、清拙諸名宿，在元六年，歸國。

物外可什、別源圓旨　與寂室等同時入元，參詣古林、中峯諸名宿。物外與入元僧天岸慧廣同於一三二九年歸國。別源則於一三三〇年歸國。

大朴玄素　元應年間入元，參詣中峯、古林諸禪師，元宣宗賜以眞覺廣慧大師之號，於一三三九年歸國。

月林道皎　一三二二年渡元，師事古林清茂八年，卒嗣其法，元文宗賜以佛惠智鑑大師之號。

中巖圓月　一三二五年入元，參詣古林清茂等，在元七年，歸國。著有語錄及詩集。

不聞契聞　一三二六年渡元，巡遊天台淨慈諸聖蹟，因疑爲間諜，被捕入獄，被赦後又參詣古林、清茂等，於一三三二年歸國。

古源邵元　一三二七年入元，歷訪天台山及嵩山少林寺等，在元二十年，長於文學，在元時曾撰息菴禪師行道碑文及新撚玉佛殿記等（4）。

友山士偲　與正堂顧同於一三二八年入元，歷詣兩浙諸名宿，在元十七年，時與在元之日僧石室善玖等互相砥勵。

愚中周及　一三四一年渡元，參謁月江正印及即休了和尚，在元十年歸國。

無文元選　相傳元選為後醍醐天皇之皇子，入建長寺為僧，於一三四三年偕入元僧元通入元，歷遊大覺寺及天目山等，在元十一年，歸國。

性海靈見　一三四二年渡元，參詣月江正印、即休了等，於一三五〇年歸國。

大拙祖能　一三四四年入元，嗣天目山千巖長之法，於一三五八年歸國，就之求禪者達三萬餘人。

無我省吾　一三四八年入元，歷訪月江正印等名宿，在元十四年歸國。又於一三六三年再次入元，卒歿於中國。

椿庭海壽　一三五〇年渡元，參謁月江正印等，明太祖曾召問日本四方之遠近，皇運之治亂。並爲明使祖闡等之通譯。在元二十三年，於一三七三年歸國。

大初啓原　一三五一年與宗猷等十八人同時入元，歷詣徑山諸名宿，卒於明永樂五年，歿於明土。

觀中中諦　一三六四年入元，到台州後，因元末大亂，道路不通，遂暫留而歸，著有靑嶂集(5)。

此外，如無礙妙謙、鐵牛景印、一峯通玄、古鏡明千、淸溪通徹、鐵舟德濟等，均相繼渡元求禪，其見於傳記上者，綜計不下百九十餘人。至若未載於史籍之入元僧，當更不知凡幾也。

(B)元僧之東渡

一山一寧　元僧至日本最早者爲一山一寧。一寧爲慶元府普陀山之高僧，奉命持國書於大德三年（一二九九年）偕西澗士曇等東渡，先抵九州博多，經由京都至鎌倉，因被疑爲間諜，曾一度禁錮，後被赦，永留於日本，歷住建長、圓覺、淨智諸寺。後宇多上皇景慕其德風，屢就之問法要。及其有疾，上皇屢親往慰問。歿後，賜國師號，並勅建塔作祭文以悼之。一寧在日本二十年，備受日本上下之尊信，向之求法問道者接踵而至，對於日本之文學、書法、繪畫等之發達，亦有莫大影響也。

西澗士曇　士曇於宋時曾一度至日本，後又從一寧東渡，因受執權北條貞時之皈依，歷住圓覺、建長寺，努力禪宗之弘布，歿於一三〇六年，勅諡大通禪師之號。

石梁仁恭　隨其師一寧東渡，歷住聖福、建仁、壽福諸寺，永留不歸。

東里弘會、東明惠日　均於一三〇八年至日本鎌倉，因受北條貞時之請，住禪興、建長諸寺，均歿於日本。

靈山道隱　一三一九年至日本，因受執權北條高時之請，住建長寺，歿於日本，勅諡佛慧禪師。

清拙正澄　一三二六年，正澄因受日本之聘請，乃偕其高弟永錤隨入元僧無隱元晦等東渡，翌年抵京都。北條高時遣使迎之入建長寺，復奉後醍醐天皇詔勅，住建仁、南禪諸寺，備受朝野之尊信，就之求禪問法者甚夥。因彼爲赴日元僧中之最傑出者，故影響於日本者極大，尤以對於日本武家禮法之發達，及日本禪林規矩之肅清，頗有密切關係也(6)。

明極楚俊、竺仙梵僊　一三二九年，楚俊因受日本之敦聘，始決意東渡，梵僊亦隨之至日本。楚僊因受後醍醐天皇之招請，住廣嚴寺。梵僊因受足利尊氏直義之皈依，住南禪、建長寺。均得朝廷與幕府之優遇，影響於日本上流社會之精神生活者，亦甚大也(7)。

東陵永璵　一三五一年至日本，歷住南禪圓覺等寺，於一三六五年歿於日本。

綜計以上所舉至日本之元僧，多為元代有名之高僧，因受日本之敦聘而東渡。彼等至日本後，主持京都鎌倉諸禪寺，頗受朝幕之禮遇，影響於日本精神上文化上者，實屬頗鉅也。

元日交通路

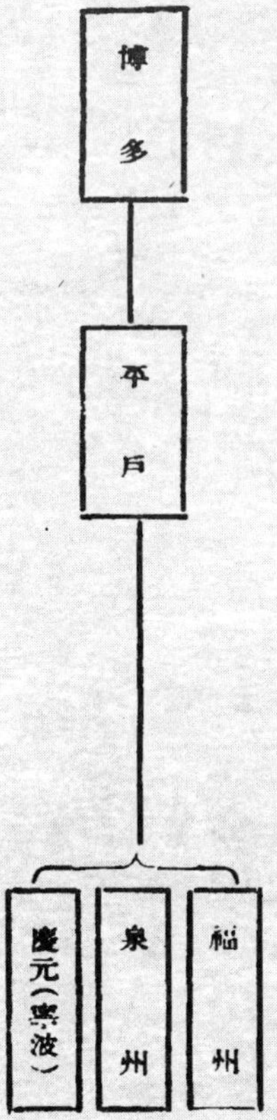

(1)見元史世祖本紀。
(2)見弘決外典鈔後附德富蘇峯氏稿緣起
(3)見雪村和尚語錄及日本名僧傳

（4）（5）見本朝高僧傳及延寶傳燈錄。

（6）（7）見鎌倉五山記及本朝高僧傳等。

第十一章　明代與日本之交通

一　明日貿易往來

（A）日本之入貢

明代之海外貿易與唐宋不同，唐宋恆獎勵海外互市，以收市舶之利，而實國用；一方更欲藉懷柔政策，以安邊夷。惟降至明代，此傳統政策略有變更，僅注意於四夷之安撫，而忽於市舶之贏利。故明代對日貿易，殆成為政治與軍事上之手段，此實為明日通商互市之一特徵也。

按明代與日本之往來，始於洪武元年（一三六八年），明太祖遣使曉諭日本諸國。翌年，太祖又遣使入日本。明史日本傳載其事云：『洪武二年三月，帝遣行人楊載詔諭其國，且詰以入寇之故；謂宜朝則來廷，不則修兵自固，倘必為寇盜，即命將徂征耳，王其圖之』。此次因明室態度強硬，明使被殺，楊載等拘留三月始得返國。洪武三年又遣萊州同知趙秩使日本，結果圓滿。翌年冬，『日本良懷王遣其僧祖朝來進表箋貢馬方物並僧九人來朝』（1）。是爲日本第一次入貢於明。

，明成祖永樂元年（一四〇三年），日本王源道義遣使入貢。永樂三年，再遣使入貢並獻海盜；明史成祖紀記其事曰：『先是日本對馬壹岐諸島賊，掠濱海居民，帝因遣使諭其王，使自捕之。十一月，日本來貢，并執賊魁二十人以獻。帝嘉之，遣鴻臚少卿潘賜中官王進賜王九章冕服及銀幣加等，而還其所獻之人，令其自治。使者至寧波，盡置其人於甑蒸殺之。』自成祖永樂年間曾限定日本十年一貢，船二艘，人二百。至宣宗宣德年間仍限定十年一貢，船三艘，人三百。但實際上往往船隻與人數超過定額以上。且日船往往以入貢名義欺瞞明室，而實行強掠，『得閒則張其戎器而肆侵掠；不得則陳其方物而稱朝貢』（見明會要卷七七外藩一日本）。是日船恆以入貢竟視爲強奪之護符矣。

日使入明者，往往有不法行爲；如成化四年（一四六八年），『使臣清啓復來貢，傷人於市，有司請治其罪，詔付清啓奏言，犯法當用本國之刑，容還國如法論治。帝赦之。自是使者益無忌』（見明會要卷七七外藩一日本）卒至任意橫行矣。又『嘉靖二年（一五二三年），日本使宗設宋素卿分道入貢，互爭眞僞，市舶中官賴恩納素卿賄，右素卿，宗設遂大掠寧波』（2）。是明室對於日本所派遣之使節，因眞僞莫辨，致往往惹起風波，我國多受其掠奪之損失也。由是可知當時日本之入貢，乃藉入貢之名而換取賞賜，以達到其通商之目的；是視入貢爲一護符，而實行侵掠刼盜之行爲。故當時之所謂入貢者，乃變態的貿易，亦即掠奪之護符，僅不過異其名耳。

(B)勘合貿易

明代爲嚴海禁及防止私自貿易計，對日貿易乃有勘合貿易制之產生。先作成日字號勘合一百道，本字號勘合一百道，共二百道。日字號勘合底簿二冊，本字號勘合底簿二冊，共四冊。日字號勘合一百道，日字號與本字號勘合底簿各一冊，置於禮部；本字號底簿一冊，置於福建布政司。本字號勘合一百道，日字號勘合底簿一冊，送之日本。由日入明之貿易船，每船攜勘合一道，至明時，與福建布政司底簿對比無誤後，護送至京師，再與禮部底簿相對。由明入日之船舶，亦攜禮部之日字號勘合與日本之日字號底簿相對比。如此限定，則惟有攜勘合之船，始准入口貿易，藉以防範祕密貿易也。

按明代與日本之勘合貿易，自成祖永樂二年（一四〇四年）締結明日貿易條約起，至永樂十七年（一四一九年）義持與明斷絕交通止，凡十五年，勘合貿易船達六次，皆依據永樂條約，卽『給勘合百道，定以十年一貢，船止二艘，人止二百，違例卽以寇論』（3）。自宣宗宣德七年（一四三二年）兩國恢復交通，始至嘉靖二十六年（一五四七年）之最後一次遣明使止，凡一百十五年，勘合貿易船達十一次，皆依據宣德條約，卽宣德七年，『又申定要約，人毋過三百，舟無過三艘』（4）。

通觀明日勘合貿易船之往來，前後計達十七次，卽：

第一次　永樂二年，明使趙居任等至日，並進國書曰『咨爾日本國王源道義（足利義滿），知天之道，達理之義，朕登大寶，卽來朝貢，歸嚮之速，有足褒嘉，用錫金印，世守爾服』（5）。是年七月，將軍足利義滿使僧明室等送明使，並賀成祖册立皇子。次年返國時，明成祖亦遣使送之。

第二次　永樂三年，明使歸國時，足利義滿復遣使者入明，並獻對馬壹岐海盜二十人。成祖大悅，賜義滿九章冕服等。次年，日使歸國時，成祖復遣侍郎俞士吉等送之，其所攜之國書，仍稱義滿爲「日本國王源道義。」

第三次　永樂四年，俞士吉等歸國時，義滿又以堅中圭密爲正使，中立爲副使渡明。次年，圭密等歸國時，明又遣使送之。

第四次　永樂六年，義滿遣使者送明使返，並獻海盜。

第五次　永樂六年，日使堅中圭密入明，以義滿殂見告。成祖乃遣使賜義持國書，並祭文，以表弔慰之意，且諡以恭獻（6）。

第六次　永樂八年，足利義持遣使入明，以報成祖遣使往弔之恩。次年，成祖復遣王進齎勅褒賚，收市物貨，惟因義持堅持鎖國主義，拒進入京，明使乃悵然而返（7）。其後，成祖復一再遣呂淵赴日諭其朝貢，惟因將軍義持態度強硬，均未得要領而歸。

第七次　明宣宗時，將軍義教當國，一反義持之拒交政策，乃於宣德七年（一四三二年）遣正使龍室道淵等入貢於明，其所齎之國書中，署名爲「日本國王臣源義教」，並用明宣宗之宣德年號，翌年抵明。宣宗見日本使者至大悅，乃遣雷春等隨道淵使日，仍稱將軍義教爲「日本國王源義教」。

第八次　宣德九年，義教又遣正使恕中中誓等乘六船隨明使入明，至正統八年始歸國。

第九次　景泰四年（一四五三年），將軍義政以東洋允澎爲正使，持永樂勘合五十七道入明，翌年返國。

第十次　義政遣正使天與淸啓等於天順八年（一四六四年），發自京都，一四六八年，始由筑紫赴明。

第十一次　成化十二年（一四七六年），義政復以竺芳妙茂爲正使入明。

第十二次　義政遣正使子璞周瑋等於成化十九年（一四八三年）入明。

第十三次　弘治六年（一四九三年），將軍義植以正使堯天壽蓂等入明，歸國時並齎回弘治勘合一百道及底簿一冊。

第十四次　正德四年（一五〇九年），義澄遣正使了菴桂悟等赴明，途中因遭風災而返。正德六年，更出發赴明。

第十五次　將軍義晴以宗設謙道爲正使，月渚永乘爲副使，赴明，於嘉靖二年（一五二三年）抵寧波。

第十六次　嘉靖十八年（一五三九年），義晴遣正使湖心碩鼎等入明。

第十七次　嘉靖二十六年（一五四七年），義晴遣正使策彥周良，副使釣雲入明，翌年抵寧波。至嘉靖二十八年，始歸國。

日本勘合貿易船雖經永樂宣德之兩次規定，有時仍違定制，超逾定額。明廷亦顢頇從事，勉強應付，於是條約上之明文規定，殆成虛文而無實效矣。如明會要外藩一日本之條云：「（嘉靖）二十六年，遣使周良等先期來貢，用舟四，人六百，泊於海外，以待明年貢期。事聞，帝以先期非制，且人船逾額，敕守臣勒回。明年六月，良復來貢，浙江巡撫朱紈以聞。禮部言日本貢期及舟與人數雖違限，第表辭恭順，去貢期亦不遠，若概加拒絕，則航海之勞可憫，宜敕紈循十八年之例，起送五十人，餘留嘉賓館，量加犒賞。報可。紈力言五十人過少，乃令百人赴都。部議但賞百人，良訴貢舟高大，勢須五百人，中國商船入海，往往藏匿島中爲寇，故增一舟防寇，非敢違制。部議量增其賞，從之；」是其明證也。

明室每値新君卽位，伊始，例卽更給勘合，而將舊者還交明朝；如明英宗卽位時，工部上奏曰：『宣德間日本諸國皆給信符勘合，今改元伊始，例當更給，從之』（8）；是其明證也。惟關於勘合之更給頗爲愼重，以舊易新，必先攜回舊者，然後始予以新者，以杜濫用；如嘉靖十九年（一五四〇年），日使至京『乞賜嘉靖新勘合，部議勘合不可濫[illegible]，務繳舊易新，貢期限十年，人不過百，船不過三，詔如議』（9）；乃其良證也。

（C）商品與商港

貿易品之種類，由日本輸入於明者，槪以刀劍、硫黃、扇、蘇木、銅等爲大宗。由明輸入日本者，槪以銅錢、書籍、絲綢、名畫爲主。按刀劍爲當時日本之主要輸出品，在每次勘合貿易中恆佔最多數，當時明人名之爲倭刀，鋒利無比。至於倭刀之輸入額，在第一二次之勘合貿易中約各三千把，第三次殆達萬把，第四次三萬把，第五次七千餘把，第六次三萬七千把。按明代法規，兵器不得私自買賣，必須由政府收買。嗣因倭刀數目驟增，大有不能悉數收買之勢，故在第二期勘合貿易中，規定每次不得過三千把；然實際上卻多超過定額之上焉。

硫黃之輸入於明，爲數亦屬不少，在每次之貢獻方物中，約佔萬斤。屬於國王附搭品者，第一次二十萬斤，第三次三十九萬七千餘斤，第四次十萬斤左右。戊子入明記云：「硫黃四萬斤，大友方、志摩津方（島津方）進之於門司、博多兩所請取之。」是知此項硫黃之輸入，多由薩摩之島津氏與豐前之大友氏輸納，先送至門司、博多、平戶，再裝船輸入於明也。

銅亦爲主要輸入品之一，在勘合貿易中，第三次銅十五萬四千五百斤，第四次三十五駄，第十次二十九萬八千五百斤。戊子入明記云：「赤銅，命但馬國、美作國、備中國、備後國四國送至尾路。」是知赤銅由四國輸納，而由尾路起運也。

扇在貢獻方物中，每次約百把，國王附搭品中亦不尠。蘇木可供染料之用，故第三次勘合貿易中，蘇木亦佔十萬六千斤。至其他如描金物屏風等，隨勘合船中輸入明者，亦屬甚夥也。

明輸入於日本之貿易品，概以銅錢、書籍爲主，絲綢、名畫等次之。按銅錢之輸入日本，實爲明代對日之主要輸出品，明廷對於日本貢物亦均以銅錢兌換，且有時特賜以錢幣，日使更額外請求於是銅錢之流出甚夥。書籍之輸入日本亦甚盛行；如永樂年間，日使入貢，「請賜仁孝皇后所製勸善、內訓二書，卽命各給百本」（明史日本傳）。一四六八年及一四七六年，義政曾兩次遣使入明，請求明朝予以教乘法數全部及三寶感錄全部等漢籍（見善鄰國寶記）。此外隨時輸入於日本之漢籍，當更不知凡幾。

明代對日貿易港，概以寧波爲專通日本之港，故日船赴明，必先至寧波登岸；明史食貨志云：「洪武初設（市舶）於太倉黃渡，尋罷。復設於寧波泉州廣州；寧波通日本，泉州通琉球，廣州通占城」；是知明太祖時，恆以寧波爲專通日本之港口也。迨至明成祖時，外藩入貢者愈多，乃置驛於福建、浙江、廣東三市舶，以司館之。嘉靖以降，市舶制屢興屢廢；據明史食貨志所載給事中夏言謂倭患起於市舶，遂罷之。嘉靖三十九年，鳳陽巡撫唐順之議復三市舶司，部議從之。四十四年，浙江以巡撫劉畿言，仍罷。福建開而復禁，萬曆間復通福建互市，惟禁市硝黃；已而兩市舶司悉復，以中官領職如故。

按明代市舶之設而復罷，罷而復設者，考其原因，概不外視倭寇猖獗之情況，相機而定。明會要市舶條載劉畿之言曰：『寧波故設市舶，以通貿遷；前以近海奸民，覩利啓釁，爰議裁革。今人情狃於近利，輒欲議復。不知沿海港多兵少，防範爲艱，此釁一開，島夷嘯聚，禍不可測。』是劉畿對市舶之弊害已痛言之矣。明初之所以設市舶，許海外諸蕃與中國貿易者，蓋欲通夷情，抑奸商，俾法禁有所施，因以消其釁隙也。然而旣行之後，卻適得其反，倭寇因之而起，此其所以置而復廢也。但旣罷之後，倭亂仍未能息，且更變本加厲，此其所以又屢廢而屢置也。

二 明人與日僧之往來

(A)日僧之入明

明朝三百年間，日本僧侶入明者甚夥，大別之可分爲二類：其一，爲負有政府之使命，充任正使副使者；此永樂勘合貿易條約締結以後者也。其二，爲研究佛法或實際考查明代之社會情形而自動來明者，此永樂勘合貿易條約締結以前者也。翰林葫蘆集之送貞友竹遊大明國序云：『中華初無勘合之信，往來者各從其志，永樂之後，以勘合爲符信，不捧表文，不持勘合者，禁而不入，得一入者，其留僅歷一年。』又善隣國寶記中亦謂：『自古兩國商舶，來者往者相望於海上，故為佛氏者，大則唱化道之師，小則遊方求法之士，奄遂其志，元朝絕信之際尚爾，況其餘乎？有勘合以來，使船之外，決無往來，可恨哉！』是知永樂時勘合貿易條約之締結，實予日僧自由入明之一障礙也。

然亦有例外在焉，如洪武中之祖來、廷用文珪之流，乃為在永樂勘合貿易以前，僧侶受政府之命而充任使臣者也。又如竹居清事之贈九淵禪師遊大明國序所載之記事，乃在永樂勘合貿易之後，以僧侶而匿名士官，遂達其來華之志願者也。惟此僅不過稀有之例外耳。

通觀明代三百年間，日僧入明者不下百餘人，其主要者如次：

絕海中津汝霖良佐　彼等於洪武元年（一三六八年）入明，因在明期間較久，除研討佛法外，均以漢詩文見稱。絕海晉謁明太祖時，曾與太祖賦日本熊野古祠之詩（10）。汝霖長於漢文，其所作之文章，頗為宋景濂所稱讚，並作跋於其卷尾；對於中國文學之移入，均與有力焉。

祖來宣聞溪　彼等於洪武初年，均為征西府將軍懷良親王之使者，相繼入明，晉謁明太祖時，曾獻馬及方物。

廷用文珪　洪武九年（一三七六年）第一次入明，曾請教於宋景濂。洪武十五年又再次入明，均爲征西府將軍所派遣者也。

如瑤　曾於洪武十四年及十七年兩次入貢，亦爲征西府懷良親王所派遣之使者也。

仲芳中正　彼於建文三年（一四〇一年），從明使入明，長於楷書，明成祖曾勅令之書「永樂通寶」新錢之文。

堅中圭密　曾於永樂元年、四年及六年，以正使資格三次入明，第一次及第三次入明時，均偕明使返國。日僧祥菴、梵雲、中立均隨堅中圭密使於明者也。

龍室道淵　宣德八年（一四三三年），以正使資格入明，明宣宗曾授以僧錄司右覺儀之職。

恕中中誓永璵　宣德九年（一四三四年），均以遣明使資格入明，在明二年歸國。

東洋允澎如三芳貞　彼等於景泰四年（一四五三年）入明，東洋允澎爲遣明正使，如三芳貞乃爲遣明綱司也。日僧貞亮、蘭隱、馨等亦隨東洋允澎同時入明。

天與清啓妙增　彼等曾於景泰四年及成化四年兩次入明，歸國時帶回書籍甚多。肅元壽嚴亦隨遣明使天與清啓數次入明。

桂菴玄樹雪舟等楊　彼等均於成化四年（一四六八年）入明，桂菴在明五年，曾就宿儒學朱子學。歸國後，開桂樹院於九州薩摩盛談朱子之學，影響於九州文運之進展者頗鉅。雪舟入明後，精研明畫，明代禮部院之壁畫，乃爲雪舟所繪畫者也。

竺芳妙茂玉英慶瑜　同於成化十二年（一四七六年），以遣明使資格入明。

子璞周瑋圭圃周瑋　彼等均於成化十九年（一四八三年）入明，日僧心月梵初、東歸光松等亦均隨子璞入明者也。

了菴桂悟光堯　同於正德六年（一五一一年）入明，明武宗歎了菴年高有德，賜金襴袈裟。歸國時，名儒王陽明等多賦詩送別(11)。日僧光悅、安範等亦均從了菴入明。

宗設謙道月渚永乘　宗設先於正德六年隨了菴入明，更於嘉靖二年（一五二三年）與月渚再次入明。

策彥周良　曾以遣明使資格兩次入明，第一次於嘉靖十八年（一五三九年）從正使湖心碩鼎入明；第二次於嘉靖二十六年偕釣雲入明，頗爲明世宗及織田信長所器重」

此等入明之日僧，凡負日本官廳使命者，概由寧波經杭、蘇、南京、揚、淮、天津，而直達北京，沿途之名山大川古刹勝境，概一覽無餘。其自動來明求法者，則擇己之興之所至，遊覽江南五山十刹而已。

當日僧入明時，每請明代碩儒作塔銘序跋，以爲無上之光榮；又因其究儒學，好詩文，往往攜帶中國詩文書籍歸國；故當時日本五山文學，漸成爲純粹中國文學也。

(B)明人之東渡與明末之乞師

當元末明初，天下騷亂，有逃難於日本者，有被倭寇掠奪而去者；如嘉靖二年，受日本官廳之命而通使於明之宋素卿，據明史日本傳所載，乃寧波朱氏之子，名縞，因與日商有債務關係而質於日本者也。又如遣明使所用之通事等，概爲至日之明人，因其習華語，通華俗，故以其爲通事也。

東渡之明人中，尤以雕刻工人對於日本文化之助力爲大；如福建南臺橋之陳孟榮、陳伯壽，因元末大亂，遭遇失業，聞日本大興開版事業，乃往日本。與孟榮等同往者，又有俞良甫等，均爲當時雕刻名手，其影響於日本藝術者，良非淺鮮也。

此外又有奉命使日之明僧，亦屬不尠；蓋當時倭寇狡黠，明廷苦於勦撫因其素信佛教，乃借宗教之力以誘致之羈絆之，姑無論其懷柔政策之成功與否，而由明廷派遣之高僧東渡者，實不乏人。明鑑明太祖云：『良懷遣僧祖來奉表稱臣貢方物，帝嘉之，宴賚其使者；又以其俗佞佛，命僧祖闡等送之還，賜與甚厚。』明僧祖闡至日，良懷故無禮，拘之二年始釋還。在政治上雖屬失敗，但在文化上卻有相當收穫。祖闡留住京都兩月，與日僧相交遊，爲之删改詩文，撰作詩序，影響於五山僧徒文學者頗鉅。又如建文四年派遣之名僧道彝天倫、一菴一如，留住京都凡六月，所作之詩文書札，咸爲日僧所珍重。故明僧東渡者雖不如日僧入明者之夥，但以此少數僧侶及短促之時間，而裨益於日本文化者，實屬極大也。

明代末年，流寇亂起，傾覆北京，思宗死之。清軍入關後，逐漸南侵，明之遺老重臣，擁皇裔而佔據一方者，往往遣使日本，乞師乞資，以圖恢復故土。據中村久四郎之研究（12），謂明末乞師資於日本者，達十餘次之多；其主要者如次：

第一次　一六四五年十二月，明都督崔芝遣參將林高至日本，請借兵三千；未與。

第二次　一六四五年冬，水軍都督周鶴芝遣人至薩摩侯，請援兵，期以次年四月，給日兵三萬。

第三次　一六四六年三月，周鶴芝欲遣參謀林籥舞赴日領兵，後因副使黃斌卿之言而中止。

第四次　一六四六年八月，鄭芝龍遣使請援於日本，爲清軍拘捕於途中，更以小舟遣陳必勝黃徵蘭二人至長崎，亦無結果而返。

第五次　一六四七年二月，周鶴芝又援前借兵之例，遣使赴日，卒不得要領而歸。

第六次　一六四七年三月，周鶴芝之義子林皋，隨安昌王乞師於日本，亦未得要領而返。

第七次　一六四七年六月，御史馮京第與黃孝卿赴日借兵，孝卿因戀一日本妓女，爲日人所輕，未與。

第八次　一六四八年，鄭成功遣使借兵，被幕府拒絕。

第九次　一六四九年，鄭芝龍之姪鄭彩託琉球請援於日本。

第十次　一六四九年十月，馮京第黃宗羲至長崎借兵未遂。

第十一次　同年冬，御史俞圖南赴日借兵，

第十二次　同年十一月，僧湛微由日本歸，言厚幣爲贄，日本必肯出兵；將軍阮美遂攜普陀山慈聖李太后所賜之藏經至長崎，後知爲奸僧所欺，遂載經而返。

第十三次　一六五八年六月，鄭成功派船一艘載方物與書信赴日請援，亦未得要領。

第十四次　一六六〇年七月，張光啓赴日借兵，亦被日方拒絕。

此外，如張斐等赴日借兵者，亦均未得要領而返。日本始終未出一兵，徒使明室遺臣徒喚奈何而已。

三　倭寇

（A）倭寇之擾害

自元世祖用兵日本，日本禁不與中國通商，而海船往來皆好利小民，久之遂流爲海盜。元末大亂，英雄並起，至明太祖削平羣雄，統一天下，諸賊黨羽，亡命海外，遂爲倭寇侵入之嚮導，而倭患起矣。

明太祖鑒於倭寇之猖獗，一方遣使楊載趙秩招撫日本朝貢，一方更藉武力以挫之。太祖洪武二年四月，「時倭寇出沒海島中，數掠蘇州崇明，殺略居民，刼奪貨物，沿海之地皆患之。太倉衛指揮僉事翁德帥官軍出海捕之，斬獲不可勝計，生擒數百人，得其兵器海艘」（見明史紀事本末沿海倭亂）。明太祖之如此嚴剿倭寇，實爲當時臣民所讚許，試觀德慶侯廖永忠之奏言「獨東南倭寇，負禽獸之性，時出剽掠，擾濱海之民，陛下命造海舟，翦捕此寇，以奠民生，德至盛也。」由此不難窺見其一斑。然倭患卻不因此而息止也。

當永樂年間，日本尙敬服明廷之盛德，幾十年一貢；且時捕賊首獻上，以取悅於明廷。明會要日本之條：「（永樂）六年，封源義持爲日本國王，時海上復以倭警告，遣官諭義持剿捕。八年，義持遣使謝恩，獻所獲海寇；帝嘉之。」是爲日本獻倭寇以取悅於明廷之一良證。

迨至永樂十七年「倭寇二千餘，乘海艢直逼堝下，登岸魚貫行，一賊貌醜惡，揮兵率衆，勢甚銳。（劉）江令犒師秣馬，略不爲意；以都指揮徐剛伏兵於山下，百戶江隆率壯士潛燒賊船，截其歸路；乃與之約曰：旗舉伏起，鳴砲奮擊，不用命者以軍法從事。旣而賊至堝下，江被髮舉旗，鳴炮，伏盡起，繼以兩翼並進，賊衆大敗，死者橫仆草莽，生擒數百，斬首千餘」（見明史紀事本末沿海倭亂。）自此次剿撫後，倭寇遂不敢進窺遼東。惟轉換其侵略方式，向大江南北一帶進路，所至殺戮，慘酷之至。如明英宗正統四年『倭大舉入桃渚，官庾民舍，焚劫驅掠少壯，發掘冢墓，束嬰孩竿上，沃以沸湯，視其啼號，拍手笑樂；得孕婦卜度男女，刳視中否爲勝負飲酒，積骸如陵』（見明史紀事本末沿海倭亂）；乃其一例也。

日本當足利義滿時代，乃足利幕府之隆盛時期，因義滿欲與明室通好貿易，乃嚴捕倭寇以取悅於明；故是時倭寇之爲患於明尙不甚鉅。及至足利氏衰，西南沿岸海盜始大寇中國，我國沿海諸省多不堪其擾，時我國嘉靖之世也。當嘉靖三十二年三月，『汪直勾諸倭大舉入寇，連艦數百，蔽海而至，浙東西，江南北，濱海數千里，同時告警，破昌國衛。四月，犯太倉，破上海縣，掠江陰，攻乍浦。八月，刼金山衛，犯崇明及常熟，嘉定。三十三年正月，自太倉掠蘇州，攻松江；復趨江北，薄通泰。四月，陷嘉善，破崇明，復薄蘇州，入崇德縣。六月，由吳江掠嘉興，還屯柘林，縱橫來往若入無人之境。倭以川沙窪、柘林爲巢，抄掠四出。明年正月，賊奪舟犯乍浦、海寧，陷崇德，轉掠塘棲、新市、橫塘、雙林等處，攻德淸縣。五月，復合新倭突犯嘉興，至王江涇，乃爲（張）經擊斬千九百餘級，餘奔柘林。其他倭復掠蘇州境，延及江

陰無錫，出入太湖。時賊勢蔓延江浙，無不蹂躪』（見明史日本傳）

當新倭之來也，『每自焚其舟，登岸劫掠。自杭州北新關西剽淳安，突徽州歙縣，至績谿旌德，過涇縣，趨南陵，遂達蕪湖，燒南岸，奔太平府，犯江寧鎮，徑侵南京。倭紅衣黃蓋，率衆犯大安德門，及夾岡，乃趨秣陵關而去。由溧水流劫溧陽宜興，聞官兵自太湖出，遂越武進，抵無錫，掠惠山。一晝夜奔百八十餘里，抵滸墅，爲官軍所圍，追及於楊林橋，殲之。是役也，賊不過六七十人，而經行數千里，殺戮戰傷者幾四千人，歷八十餘日始滅。此三十四年九月事也』（見明史日本傳）。

綜觀嘉靖三十二年至三十四年間，倭寇之爲患於明，殆達最高點。當時倭寇橫行江浙，如入無人之境，而新倭入寇，賊雖不過數十人，亦能蹂躪千里，可謂悍矣。按倭寇之所以深入內地，破府陷城者，考其原因，固由於倭寇之兇悍，而明廷之處置不當，及失意明臣之勾引等，亦不能辭其咎也。明會要日本之條云：『（永樂）十五年，倭寇松門、金鄉、平陽，有捕倭寇數十人至京者，廷臣請正法。帝曰：威之以刑，不若懷之以德，宜還之。乃遣使責讓，令悔罪自新』。又明史紀事本末沿海倭亂中，曾載朱紈上奏之言曰：『去外盜易，去中國盜難，去中國瀕盜易，去中國衣冠盜難；遂鐫暴貴官家渠魁姓名，請戒諭之。』惟因此朱紈招大姓之忌，爲之構陷而死。總督張經大破倭於王江涇，亦被趙文華嚴嵩搆譖之下獄而死焉。又明史日本傳云：『明興高皇帝卽位，方國珍張士誠相繼誅服，諸豪亡命往往糾島人寇山東濱海州縣。』明史紀事本末沿海倭亂中亦謂：『失職衣冠士及不得志生儒，亦皆與通，爲之嚮導，時時寇沿海諸郡縣。』有以上內在的引力及明室處置之不當，是以倭患之所以易興難滅也。

(B)倭亂與市舶

明室倭患始於太祖之時，中經日本足利義滿時代，爲患稍緩，及義滿衰而倭寇猖，論者恆以市舶爲招寇之因，明廷罷之，然既罷之後，倭勢仍不稍殺也。如明史紀事本末沿海倭亂中曾載：『給事中夏言上言倭患起於市舶，遂罷之。初太祖時雖絕日本，而三市舶司不廢，市舶故設太倉黃渡，尋以近京師，改設福建、浙江、廣東，七載罷，未幾復設。自市舶內臣出，稍苦之，然所當罷者市舶內臣，非市舶也。至是因言奏悉罷之，市舶罷而利權在下，奸豪外交內訌，海上無寧日矣。』又明史日本傳中亦謂：『浙江設市舶提舉司，以中官主之，駐寧波，海舶至，則平其値，制馭之權在上。及世宗盡撤天下鎮守中官，並撤市舶，而濱海奸人遂操其利，海中巨盜遂襲倭服，飾旗號，並分艘掠內地，無不大利，故倭患日劇。』

市舶既於嘉靖中廢棄，日本遂無緣與中國貿易，只有私運貨物至沿海傾銷於奸商，惟此種日商常爲奸民所欺騙，被迫無路，只有從事掠刼也。

明史食貨志云『市舶既罷，日本海賈往來自如，海上奸豪與之交通，法禁無所施，轉爲盜賊。』同書又謂『二十六年，倭寇百艘久泊寧台，數千人登岸焚刼，浙江巡撫朱紈，訪知舶主皆貴官大姓，市蕃貨皆以虛直，轉鬻牟利，而直不時給，以是構亂。』由是可知非因設市舶而招倭患，乃倭患既起之後，而又罷市舶，斷其商路，益增倭患之勢，遂成燎原之局而不可收拾矣。

(C)倭寇之征服

倭患既興，朝廷一方詔諭日本，詰其入寇之因，如楊載趙秩之東渡是；一方嚴海禁造戰船，充實軍備以防之。如洪武十七年，明廷爲防止倭患計，曾大事築城設衛，明史紀事本末云，太祖『命信國公湯和巡視海上，築山東、江南北、浙東西海上五十九城，咸置行都司，以備倭爲名。』至洪武二十年，又『置兩浙防倭衛所。夏四月戊子，築海上十六城，籍民爲兵以防倭寇，增置巡檢司四十有五，分隸諸衛。』如斯嚴加防絶，故倭寇曾一時略息。

降至明代末葉，因國內『承平日久，船敝伍虛，及遇警，乃募漁舟以資哨守，兵非素練，船非專業，見寇船至，輒望風逃匿，而上無統帥御之，以故賊船所指無不殘破』（見明史日本傳。）防備之實力既已如此破壞，以故寇勢猖獗，如火燎原，勢不可遏。及至嘉靖三十五年，『徐海、陳東、麻葉方連兵圍攻桐鄉，宗憲設計間之，海遂擒東葉以降，盡殲其餘衆於乍浦。未幾，復蹴海於梁莊，海亦授首，餘黨盡滅，江南浙西諸寇略平。』『四十年，浙東江北諸寇以次平』（均見明史日本傳。）

自此役後，兩浙之倭患始平。次年，明廷復遣俞大猷、戚繼光、劉顯諸將擊破倭寇，平定福建。嘉靖四十三年『舊倭萬餘攻仙遊，圍之二月，戚繼光引兵馳赴之，大戰城下，賊敗趨同安，繼光麾兵追至王倉坪，斬首數百餘，衆奔漳浦。繼光督各哨兵入賊巢，擒斬略盡，閩寇悉平。其得出者逸出境至廣東潮州，俞大猷又截殺之，幾無遺類；至是倭患始息』（見明史紀事本末沿海倭亂。）

綜觀倭寇之患，明有明三百年間，殆無歲無之，僅不過有輕重緩急之分耳。沿海居民所受損害固不待言，卽朝廷征討，官軍吏民戰死者，亦不下十餘萬，而漕運軍食，天下騷動，此後倭寇雖仍犯我沿海，率皆不得志而去，無大患也。

明日交通路

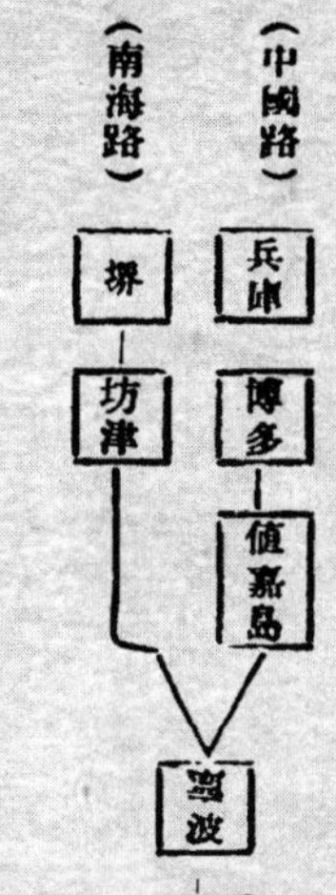

（1）見明史紀事本末卷五五沿海倭亂。

（2）見明史卷八一食貨志。

（3）（4）（8）（9）見明會要卷七七外蕃一日本。

（5）（6）見善隣國寶記。

（7）見明史日本傳。

（10）絶海賦詩曰：『熊野峯前徐福祠，滿山藥草雨餘肥，只今海上波濤穩，萬里好風須早歸。』明太祖和之曰『熊野峯高血食祠，松根琥珀也應肥，當年徐福求僊藥，直到如今更不歸』（見善隣國寶記。）

（11）見王陽明之送日本正使了菴和尚歸國序（鄰交徵書。）

（12）見中村久四郎之明末之日本乞師及乞資（史學雜誌第二十六編。）

第十二章　元明與日本交通之影響

元明與日本之交通，槪基於日本國民之文化的要求與經濟的要求而興起，由此更影響於日本思想上生活上及一般文化上；卽對於日本文學醫學藝術等之發達，亦有莫大之刺戟與貢獻也。

一、文學　入元明之日僧，往往居於中國一二十年之久，生活起居殆爲華人所同化。且時與諸名宿相交遊，故其所撰之詩文，全無倭臭，宛如元明詩文之一分派。且禪宗爲最華化之佛教，恆用漢文以表現其思想；故日僧修禪者，必先習漢文學，日本五山之漢文學，遂因之興隆。當時五山僧徒頗與中國禪林相似，尤崇尙華化生活，其所撰之詩文，亦有達於與元明詩文並駕齊驅之域者。元僧楚石琦見日僧義堂周信之詩而歎曰：「不意竟有此人，不知者必疑爲中華人所作」(1)；是知日本五山僧侶所撰之漢文學，實無倭臭之惡習存焉。

當時禪文學發達之影響，宋元之語體文亦傳入日本，日本語體文學乃漸次確立，是亦爲日本文學史上一新紀元也。松本文三郎之禪宗文學研究中亦曾論及此事，語頗中肯，其大意謂：

「禪僧齎回當時中國盛行之宋元語錄，而提倡講說之，其結果，禪宗文學遂呈不得不依宋元之俗語體之形態。及至足利時代，中國禪家創始語體文時，仍襲用宋元之俗語，傳入日本後，日本禪家更以口語體解釋之，筆記之，此即後世之所謂「抄物」是也。此種習尙由禪宗而及於儒家，由詩文集而及於詩書論孟，於是日本語體文學遂逐漸創始焉。」

入元明僧又因渡元明之便，往往攜其先師之語錄詩文集，訪元明之名僧宿儒求作序跋、行狀或塔銘等，以爲無限光榮。如日本一山國師語錄之序跋，乃求元禪師靈石芝、古林茂等所作者；日本竺僊和尙之塔銘，乃求元翰林學士危素所撰者；日本月林和尙語錄之跋，乃求元禪師古林茂所撰者；日僧義堂周信草其師夢窗疎石之行狀，曾求明代宿儒宋景濂作碑銘；日僧曇聽攜其師大方元恢之頂相入明，求明禪師楚石琦作贊而歸。如斯日僧與元明禪師在文學上之親善往來，實予日本五山文學以莫大之發展焉。至若東渡之元明僧侶，亦概爲道學兼優之高僧，彼等至日本後，與五山僧侶交遊之結果，對於日本詩文學之發達，當有莫大之貢獻。如一三七三年，明朝仲猷祖闡、無逸克勤至日本京都後，與五山僧侶交談詩文，作詩集之序，並對五山文學加以指示；一四〇二年，至日本京都之一庵一如，與五山僧徒往來甚密，並賦有詩文；東福寺僧岐陽文秀欲晉謁一如，因官方不許，乃函託之撰室銘；一四三四年，明使潘錫至日本時，日本東福寺僧信中以篤，曾以其所撰之詩文求指正。是知日本僧徒爲欲習得中國式之詩文，恆以得我國宿儒之讚許爲無上榮譽也。

二、漢籍之輸入　元明與日本交通之結果，漢籍亦相繼輸入日本。入元明僧除攜入大藏經外，其他經典齎回者亦甚夥。其攜入品之主要者，概爲名僧語錄詩文集及儒書等；如元徑山虛堂智愚之語錄及後集，金陵鳳臺古林清茂之語錄等，皆由入元僧輸入日本。五山僧徒最欣賞之宋契高之鐔津文集，亦由入元僧攜入而翻印。一四五一年，隨遣明使東洋允澎入明之天與清啓等歸國時，齎回經史等儒書亦甚夥。一四六八年，遣明使請求之書目中，則有教乘法數、三寶感應錄、賓退錄、北堂書抄、兔園策、史韻、歌押韻、楊誠齋集、張浮休書、遯齋閑覽、石湖集、類說、揮塵錄、石川學海及老學庵筆記等。一四七六年，遣明使之請求書目中，則有佛祖統紀、法苑珠林、賓退錄、遯齋閑覽、類說、百川學海、北堂書抄老學庵筆記及范石湖集等。至其他天龍寺僧策彥周良由明歸國時，亦攜回祕笈珍本甚多。如斯漢籍之陸續東渡，對於日本漢文學遂予以清新的刺戟與興奮也。

三、印刷術　漢籍既盛行輸入日本，日本印刷事業亦因之發達。當時所謂五山版者，頗盛行於一時，五山各寺所印刻之語錄、詩文集、僧傳等，種類甚夥。五山版內最佔多數者，爲臨川寺版，乃春屋妙葩（智覺普明國師）所監修，其所用之刻工亦多爲元明人，恆以師匠之資格參與其印刻；是以多傳其技術於日人，促進日本印刷事業之發展者頗鉅。是時至日本之元明刻工最著名者，爲俞良甫、陳孟榮、陳伯壽等。俞良甫爲福建興化縣人，曾在京都嵯峨襄助天龍寺之開版事業，刻有般若心經、月江語錄、碧山堂集、李善注文選、唐柳先生文集等版籍；彼又自拋私財，刻成傳法正宗記。天龍寺版在五山版中之所以最爲傑出者，恐亦因彼襄助之力焉。

與俞良甫齊名之刻工，爲陳孟榮。孟榮與空華日工集中之陳孟千同姓且同時代，恐孟千或爲孟榮之訛稱。彼曾刻有宗鏡錄、蒙求、平石如砥禪師語錄等經籍。其他如陳伯壽、福才、月古等刻工，對於日本印刷事業均有直接間接之助力，而不可泯滅也。

此外，尤有令人注意者，爲儒書之刊行。刊印佛書雖早已盛行，而印刻儒書則肇始於此時，各地大名亦多於是時從事開版事業；如大內義隆之大內板（十八史略、四書大全、山谷詩註、杜工部集、五經正文及聚文韻略）大原雪齋之今川板（歷代序略，）伊地知重貞之薩摩板（聚文韻略、大學章句，）乃其最顯著者也。

四、醫學　日本風土記云，論五經則重書禮而忽詩易春秋，論四書則重論語學庸而惡孟子。又重佛經而無道經，若見古醫書則必買，蓋重醫故也。是知此時入元明學醫之日人當屬不尠也。茲摘述其主要者如次：

田代三喜　妙心寺僧田代三喜於一四八七年入明，在明十二年，曾就李東垣、朱丹溪學醫道，卒學得其醫術歸國，爲日本之李朱醫學派開祖。其弟子曲直瀨一溪嗣其醫術，更弘布於列島，大有廢前代之宋醫方，而代以李朱新醫術之勢。一溪屢診疾於宮廷，正親町天皇曾賜以翠竹院之號，將軍大名等亦屢召之醫疾而厚遇之，頗著聲譽，後世稱之爲近世醫學中興之祖。其子曲直瀨玄朔，亦頗能繼其父業，著有醫學天正記等書；於是李朱醫學遂風靡於列島焉。

阪淨運　明孝宗時入明，傳張仲景之醫術而歸國，因診治後柏原天皇病而著名。

吉田宗桂　一稱意安，曾於一五三九年及一五四七年，隨策彥周良二次入明，研討明代醫學，頗有心得，曾診治明世宗之疾，歸國時攜勅賜醫書而歸。

竹田昌慶　一三六九年入明，學醫於道士金翁，金翁授以祕訣，並以女妻之，生二子，一三七八年歸國。

金持重弘　重弘以針術著名，明世宗時大內義弘曾遣之赴明，更加以深造，其技術遂益臻精妙(2)。

昌虎首座　畠山義宜曾遣南禪寺僧昌虎首座入明求藥方，一五二九年偕鄭舜功歸國。舜功乃授明醫妙方於日本，日人乃辨漢和之品名，命繪工土佐光信畫藥種之形態，譯其詞爲和語，令九條植通寫出之，於是中國藥方遂傳入日本矣(3)。

此外，元明人業醫於日本者，亦有之；如元亡明興時，元人陳順祖不願仕於明，乃赴日本九州業醫。將軍足利義滿慕其名，召之診疾，固辭不往。其子陳大年嗣其醫法，始赴京都業醫，頗受將軍大名之禮遇，日人稱之爲陳外郎云。大年之孫陳祖田，尤善於醫學，頗爲諸大名及禪僧所尊信，亦有陳外郎之稱號。

大名細川勝元於爲政之暇，研究醫術，編纂醫書，書名曰靈蘭集。此書乃古今醫書之拔萃，分門類聚，雜以倭字以便觀覽，此爲基於中國醫書而作成日本醫書之始。又醫書大全十卷，是時亦傳入日本，更依阿佐井野宗瑞之盡力而覆刻之，是爲日本醫書開板之濫觴。蔭涼軒日錄長祿二年之條云：「西蕃膏一器」；翰林五鳳集之序中載濟隱友派之言曰：

「人參、甘草、麝香、龍腦之類，吾土不產，必待南舶而用之。苟無南舶，則急病之傍不可袖手，豈不慨哉。吾今附貢船入大明國而求藥材矣。」

是知明日交通貿易之結果，中國醫藥品亦逐漸輸入日本矣。

五、禮儀　元明時代，日本朝野之禮儀準繩，概基於小笠原派，所謂小笠原派者，乃以信州小笠原貞宗爲始祖，其淵源乃基於禪宗之百丈清規者也。按百丈清規之傳入日本，恐始於東福寺之白雲慧曉，白雲之語錄中已載有百丈忌之名。其後清拙正澄東渡後，頗盡力於百丈清規之弘布，並著有大鑑黃清規及大鑑略清規等經籍。清拙爲使日本禪林實行百丈清規起見，在彼住於鎌倉建長寺時，卽仿杭州靈隱寺之制定衆寮之規矩。故謂日本禪林規矩由清拙始行肅清者，誠非虛語也。其弟子古鏡明千由元歸國時，曾齎回勅修百丈清規而歸，更於一三五六年覆刻而弘布之；於是百丈清規一書遂流行於列島。皈依於清拙之小笠原貞宗，乃日本武家諸禮法之始祖也，特爲清拙創開善寺於信州，寺內行儀悉依百丈清規之規定。貞宗因喜禪林之嚴肅規矩，故當其制定武家諸禮法時，乃擇其所長盡行採入；是以今日小笠原派之禮儀實基於清拙口授之百丈清規而產生，小笠原派之武家禮法對於日本一般禮法之發達，亦頗有莫大影響也（4）。

六、美術工藝　日本因與元明交通及禪宗傳入之關係，影響於美術工藝者亦頗鉅。茲先就繪畫方面言之，入元僧因攜入許多宋元書畫，遂促成日本雄偉之畫風與雅致恬淡之墨畫。又因入元僧往往將其師所授之法語、偈頌與頂相贊等揭於禪室之壁端，爲修禪之機緣；遂開後世廳堂掛書畫之風，與養成日人對於中國墨繪之興趣。南北朝時，禪寺與上流社會盛行唐式茶會之結果，茶亭之壁桶上多掛宋元名畫，遂予日本繪畫界以清新之刺戟。明代初葉，日本畫家如拙周文出，極力摹擬宋元畫法，以水墨代色彩，手法簡易，尊氣韻而重含蓄；於是土佐春日之纖細豔麗筆法及濃厚著色，因之而衰。明孝宗弘治八年，入明僧雪舟贈與其弟子宗淵之自畫破墨山水讚曰：

「余曾入大宋國，北涉大江，經齊魯之郊，至于洛，求畫師。雖然揮染清拔之者稀也。於茲長有聲幷李在二人得時名，相隨傳設色之旨，兼破墨之法矣。」

是知雪舟亦將明人設色之法與破墨之法傳入日本矣。當時以大和繪著名之土佐光信及狩野元信，亦參酌宋元畫風，而創和漢折衷畫，以別開生面；於是宋元墨畫逐漸支配日本繪畫界矣。

次就建築方面言之，當時日本建築，概依禪寺與宅邸之融合，而造出一種折衷形式之建築；如鹿苑閣之金閣，慈照寺之銀閣，東求堂等，均屬於所謂「唐樣」，其意匠乃由禪刹蛻化而出者也。當時日本寺院建築，概依我國禪寺爲基準，如日本五山十刹，乃完全倣效中國者；足利尊氏直義建天龍寺於京都，又於日本六十六州二島中每國設一安國寺及一利生塔，此亦倣效我國之制者也。足利尊氏聽從五山僧徒疎石等之勸，改建舊有寺塔爲安國利生寺塔，以爲安撫人心及自己勢力範圍之一種標識；此正與隋文帝令各州立舍利塔，以表現其統一天下精神，用以鎮撫民心之手段相同耳。

更就陶器事業言之，足利時代宋元陶器多輸入日本；足利義政尤酷好奇品，茶道盛行，宋元陶器愈爲日人所推重而仿製陶器亦迭出不窮。伊勢松坂人五郎大夫祥瑞於永正年間隨了庵桂悟入明，學習陶器製法，並從事陶器製法多年，於一五一三年歸國，開窰於肥前之伊萬里。其所製之陶器上，有「吳祥瑞」或「五郎大夫祥瑞」等字樣。其製造意匠與技術，均較前有長足進步；遂予日本陶器事業以劃期的猛進。

七、食物　元明食物影響於日本者，爲饅頭與豆腐之製法及糖之傳入等。一三五〇年，元人林淨因隨龍山德見至日本，住於奈良，更名鹽瀨，始傳饅頭製法於日本（6）。七十二番職人歌合中亦有「豆腐饅頭」及「菜饅頭」之記事。是知饅頭製法初傳入日本時，日人恆喜嗜用素食饅頭，而不慣食肉饅頭也。

豆腐之製法，概由禪僧傳入日本者，一四二〇年刊行之海人藻芥；及享祿年間出版之七十一番職人歌合中，均曾載及豆腐之名；是爲「豆腐」二字見於日本文獻之始。宗長手記大永六年（一五二六年）十二月條，亦載有『夜深置膝於爐旁而食田樂豆腐。』此所謂『田樂豆腐』者，乃爲以豆腐附以黃醬而燒成者，此與我國之黃醬豆腐相似，其爲由中國傳入者無疑也。

糖之輸入日本，至此時代末葉而益彰著，亦迭見於日本古文獻中。義堂周信之空華日工集應安三年（一三七〇年）八月一日條，謂：『八朔之贈品爲砂糖一壺』，島津氏獻於將軍之貢品中，亦有糖。是知當時由中國輸入之糖，日人猶以之爲珍品也。大內義隆記云：遣明船歸朝時，設中國茶飯式之酒宴，與正使副使等終夜宴飲，並操中國話以助興。是知是時日人對於中國之飲食，亦有頗饒興趣而嗜食者矣。

(1)見空華日工集。

(2)(3)見寬永諸家系圖傳、皇國名醫傳、及辻善之助之增訂海外交通史話。

(4)見上村觀光氏之百丈淸規在日本之流布。

(5)見瓦礫雜考、雍州府志及增訂海外交通史話。

第十三章　清代與日本之交通

清日間之交通貿易，甚屬頻繁，茲爲便於說明計，分三階段敍述之：首爲清初，包含順治、康熙、雍正、乾隆四朝，由一六四四年至一七九五年，約百五十年間，中國僧侶學者於此期內紛赴日本者不乏其人，故影響於日本文物制度極大，而貿易數額尚屬無幾也。次爲清中葉與日本之交通，包括嘉慶、道光、咸豐、同治四朝，由一七九六年至一八七四年，凡七十餘年，此期內之重要事件，爲同治年間訂定之中日修好條規與通商章程，此後交通貿易亦因之繁盛。末爲晚清，包含光緒宣統兩朝，由一八七五年至一九一一年，約三十餘年，在此期內，中日正式通使及續訂商約等，均逐漸實行。惟日本之軍事政治的侵略，亦於此時同時並進，而與中日交通之逐日頻繁爲正比例也。

一　清初與日本之交通貿易

明滅清興，中日間之商船往來，仍屬繁盛。日本德川幕府對於清船之貿易額及入港船數，均未加以何等制限，同時清廷亦解除明代之海禁，許商民自由赴海外貿易；此亦貿易繁盛之主因也。其後，德川幕府變更政策，厲行鎖國主義，嚴禁國人渡海通商，偶有潛伏來華者，事發輒罪之；於是交通貿易遂一蹶不振，但猶未中絕，僅限制我國商船之入口耳。

綜觀清初與日本之交通貿易，可分爲四期：第一期爲發展時期（一六六二——一六八四年），清朝商船在此二十三年內，赴長崎貿易者，平均每年在三十艘左右。第二期爲隆盛時期（一六八五——一七一四年）每年往航之清船，約不下七十艘。此期內之中日貿易權，悉握於清商人之手，日本人之日用品，亦多賴清商供給。日本對外貿易純屬被動地位，而成爲入超之國。此蓋因日本之鎖國政策，嚴禁國人對外貿易之故耳。第三期爲漸衰時期（一七一五——一七三五年）每年平均往來船舶，概降至三十艘許；因日本以入超之故，金銀銅盛行流出，僅銅一項，每年流出約八百九十餘萬斤，於是日人大起恐慌，乃於一七一五年改正海外貿易法，限制清船之入港及貿易銀額，中國輸出因之驟減。第四期爲衰頹時期（一七三六——一七九五年），因受幕府之鎖國限制，每年往日本之商船，平均僅十艘耳。至關於清日航路，貿易品及貿易法等，摘要分述於次：

貿易品　清初輸入於日本之貨物，多爲加工精製品，其最著者則爲書籍、文具、絲、絲織品、茶、磁器、棉、針、櫛、篦、漆器、藥材、礬、蠟、繡貨、字畫、香料、玳瑁、翡翠、水銀、眼鏡等；就中尤以日用品類爲最多，關係於日本民生者實非淺鮮。日本之輸出品，則以金銀銅爲大宗。當時清日貿易之額數，因當時尚無海關統計以資考查，故貿易額之確數無由推知。若由其流出之金銀銅等數額觀之，據一七〇九年長崎奉行之報告，自一六四八年至一七〇八年間流出之金額，概爲二百餘萬兩，銀額約爲三千七百餘萬兩；自一六六二年以降四十六年間，銅之流出額亦約在十萬萬斤以上；均以流入我國者爲最多，約佔三分之二以上。故此後日本對於海外貿易額及清船之來航數，曾屢加以限制也。

清船貿易與航路　當時日本對於來自我國之船舶，統稱曰唐船，即對於來自安南、東埔寨、暹羅等地之船舶，有時亦總稱曰唐船，故唐船之意義頗爲廣汎。又因唐船之起帆地不同，更別爲口船、中奧船及奧船等。其由中國諸口赴日本者稱曰口船，由兩廣赴日本之船稱曰中奧船，由印度支那半島至日本之船稱曰奧船。口船又有南京船與福州船之區別。茲爲一目了然計，表解於左：

唐船
- 口船
  - 南京船——南京、蘇州、松江、揚州、常州、淮安、鎮江等地商船
  - 福州船——福州等地商船
- 中奧船——兩廣附近商船
- 奧船——印度支那半島等地商船

日本德川幕府自一六八八年後，對於清舶來航時期及起帆地均有明文規定；曾規定來航時期爲春夏秋三季，春船二十隻（計南京五隻，寧波七隻，普陀山二隻，福州六隻）夏船二十六隻（計南京三隻，泉州四隻，寧波四隻，漳州三隻，普陀山一隻，廈門五隻，福州四隻，廣州二隻）秋船十四隻，（計南京二隻，高州二隻，福州三隻，寧波一隻，廣東四隻，潮州二隻）限定每年來航之清舶係爲六十隻，並僅限長崎一港與清舶貿易。惟此次頒布之新章，全未預告而忽然實行，故續到之清船頗有進退維谷之勢，卒至祕密貿易盛行，日方取締亦深感困難矣。

至若清舶之赴日航線，概先停泊於舟山列島之普陀山，靜候順風，橫斷東海，直赴長崎。但遭遇風險，漂泊於薩摩、五島、平戶、對馬等處者亦有之；然均須在長崎登岸，蓋清舶在日本之貿易港，僅限於長崎一處故也。

貿易法與貿易税　淸代與日本之貿易法，概隨時變遷，未曾一定。玆按時期之前後，分爲四期說明之：

（一）憑絲執照收買法（一六〇四——一六五四年）　按照上年收買額，憑絲執照收買；蓋當時白絲佔日本輸入品中之主要部分故也。

（二）相對商賣法（一六五五——一六七〇年）　每年以第一次入港之船所定妥白絲之價格爲標準；其他各種貨價亦隨之而定，一年之間不稍移動。其結果，日商競買，物價愈貴，金銀之流出愈甚。

（三）商人投標法（一六七一——一六七二年）　卽令願買淸人貨物之商人投標，以一號標、二號標、三號標之平均價格，示於淸商，承諾則收買，否則令其歸國。與用此法之目的，在遏止金銀之流出；惟其結果，商人競欲達到前三號標，投標者多至數千人，喧譁爭吵，不得已遂終止。

（四）市法商賣法（一六七二——一六八四年）　其法由京都、長崎、堺、大阪、江戶等五處商人之首領，會同地方官淸査淸人貨物，按京都一帶之行情減價估値，估妥之價格示於淸商，承諾則收買之。收買後再按商人資本之大小分配。否則，令其退回。

自一六八五年以降，因商人之數激增，市法商賣之推行不便，乃廢之而再用絲執照收買法。白絲以外之貨物則用直組商賣法，由長崎地方官規定價格；或用投標商賣法，由商人投標以定價格，殆無劃一之標準法規也。

日本對於清船貿易稅之徵收，概分爲常例置銀、船別置銀、八朔禮物及盈物等。所謂常例置銀者，乃於一七一五年規定之貿易銀額每百貫徵收七貫六百八十三匁三分者也。此種徵收稅所得之款，概分配於長崎之神社佛寺及地方員役等。所謂船別置銀者，乃於一七〇九年規定每船一艘徵一貫百八十八匁二分者也。至若八朔禮物，乃爲贈予長崎奉行以下諸員役之禮物。在一六八四年以前，尚以商船所載之貨物爲贈物。自此以後，始規定貿易額每一千貫則徵收十一貫六百六十匁。盈物，本爲搬運貨物時洩漏於地之物，概歸碼頭夫役所得。至一七八四年，乃規定每船一艘令出糖七千五百斤以代盈物。

綜觀貿易法與貿易稅之諸種規定，足知日本對於清商之種種束縛與剝削。其結果，清商不能自由處置其貨物，貨物價格亦悉爲日人所操縱；故此後淸船赴日者逐漸稀少也。

二　淸中葉之中日交通往來

（A）淸日通好之先聲

淸代與日本之通好往來，始於咸豐以降。先是當道光二十六年（一八四六年），英法美相繼要求日本開港通商，幕府堅持不允。美國乃於一八五三年，派提督彼里（Perry）率軍艦四艘強要開港。日本迫不獲已，乃於翌年與美國締結和親條約於橫濱，許開下田函館長崎三港。英俄諸國亦相繼與日本訂約。是時日本感於外力之壓迫，尊王攘夷之論擡頭，卒開明治政府之維新事業。明治政府成立後，極力講求睦鄰外交，革除攘外陋習；其對於同種族之中國，恆欲引爲脣齒之邦。且當時亞洲形勢，英滅印度，俄侵黑龍江，中日兩國均在列強虎視眈眈之中，非奮發不足以圖存。日本苟欲圖自強，欲求輔車之助，舍中國外殆無他邦，此乃咸豐年間（一八五一——一八六一年）日本極欲連絡中國之背景也。日人會澤泊所著之新編有言曰：『若夫未嘗沐回回教羅馬教化者，日本之外，惟有滿清。當今之日本求脣齒之邦於宇內，舍滿清殆無有也。』蓋彼以爲歐美各國非耶教卽回徒，挾其堅甲利兵肆行侵逼，強請與我攜手；是以日本極欲連絡滿清爲其脣齒之邦也。惟清廷昧於大計，不知自強，英法聯軍之役後，兵力愈衰微不振，且猶傲慢自尊，視日本如屬邦，日本對清協力禦侮之企圖，終成泡影，卒不得不改變政策，由親善一變而爲侵略矣。

（B） 清日修好條規之訂定

同治八年（一八六九年），日本遣使求好。翌年（明治三年）七月，更遣外務權大丞柳原前光齎外務卿書，呈總理各國事務衙門，預商通好事宜；其書曰：『方今文化大開，交際日盛，我邦近歲與泰西諸國互訂盟約，況鄰近如貴國，宜早通情好，結和親。』前光謁李鴻章時，又曰：『英法美諸國強逼我國通商，我心懷不甘，而力難獨抗，……惟念我國與中國最爲鄰近，宜先通好，以冀合心同力。』總理衙門鑒其意誠志切，勢難堅拒，遂許其俟有特派大員來時，卽行奏請訂約。前光等乃感謝而歸。其時有反對斯舉者，如安徽巡撫英翰，頗以明代倭寇爲詞，但李鴻章曾國藩等力持通商之議，卒得實現。至於當時李鴻章曾國藩所持之理由：李謂一者日已安心嚮化，二者恐其勾結英美爲難，三者卽前光所謂同心協力，是也。曾意與李意略同，曾謂：『日本物產豐饒，百貨價賤，與中國各省不過數日程，立約之後，彼國市舶必將絡繹前來，中國貿帆亦必聯翩東渡。』彼並主張條約中不可載明比照泰西各國總例辦理等語，尤不可載有恩渥利益施於各國者一體均霑等語。

清廷乃特命李鴻章先行籌畫，以便俟日本使臣到後再行交涉。鴻章乃將前光來華時呈遞之議約底稿會同陳欽逐條詳加檢討，分別簽駁，另擬條規。後又商同曾國藩督飭蘇滬洋務委員細心究討，擬成日本通商條規一本；此中日兩國準備訂約之過程也。

迨至同治十年（一八七一年），日本以大藏卿伊達宗城爲正使，柳原前光副之，至天津交涉締約。淸廷以李鴻章爲全權大臣負責辦理日本通商事宜。雙方協議至七月之久，始訂妥修好條規及通商章程，並附以中日海關稅則。至於淸日修好條規十八條之內容，茲摘要揭示於次：(1)

1. 此後中日倍敦和誼，兩國所屬邦土不得稍有侵越。
2. 他國有不公及輕藐之事，彼此互助，或從中善爲調停。
3. 兩國政事彼此不得干涉，所頒禁令互相爲助。

4. 互派使臣長行駐京。

5. 兩國官職掌相等時，會晤用平行禮。職卑見上官用客禮。

6. 公文往來用華日兩種文字。

7. 指定口岸以便彼此通商。

8. 各口岸彼此設理事官以審理交涉財產訴訟案件。

9. 指定之口岸未設理事處時，貿易歸地方官照料，犯罪則將案情知照附近各口理事官，按律科斷。

10. 兩國官商在指定各口，得僱用本國人，犯罪由地方訊辦。

11. 禁商民攜帶刀械。

12. 互交逃犯。

13. 定匪盜辦法，一方由地方官嚴捕，同時將案情知照理事官。

14. 爲保護己國商民起見，在指定各口岸允許兩國兵船之往來。

15. 如兩國有與他國用兵時，暫停貿易在他國指定之口岸，不得與不和之國互相爭鬬刼掠。
16. 兩國理事官不得兼營貿易。
17. 假冒國旗，船貨均罰入官。兩國書籍得互相採買。
18. 兩國議定規條，俟兩國批准互換後頒布，使官民遵守。

按此約內容尙屬公平，約中多援西約之例，領事裁判權與關稅協定諸大端，應有盡有。惟無一體均霑之條，且均本相互原則，是較往昔中西條約略進一步耳。其後馬關條約訂定，此約遂廢。

(C) 第一次通商章程之締結

同治十年（明治四年）中日第一次通商章程與修好條規同時締結。按日本之與我國修好，初意甚善；蓋當時日本深苦於歐美各國不平等條約之束縛，謀國志士咸惴惴不安，欲與清朝攜手，共禦外侮耳。故此次清日商約，尙稱公平。迨至甲午戰後，清日締結馬關條約，並續訂商約；於是前訂之公平商約爲之破壞，良可歎也。玆將此次締結之通商章程三十三條大綱摘要揭示於次（2）：

1. 指定中國通商口岸，則有上海、鎭江、寧波、九江、漢口、天津、牛莊、芝罘、廣州、汕頭、瓊州、福州、廈門、臺灣、淡水等十五處。日本則有橫濱、函館、大阪、神戶、新瀉、夷港、長崎、築地等八處。

2兩國官民准在議定通商各口租賃地基蓋造房屋。

3.定船牌查驗法。

4.兩國商人完稅以淨貨實數爲準。

5.彼此商船貨物進通商各口時，應按照所進通商口所轄之國之規定完納海關稅。

6.外商不准運貨至中國或日本內地，違者貨沒收入官。

按清朝與西洋各國立約，往往准洋商運貨入內地，並許赴內地買土貨，故名爲僅與指定通商口岸貿易，實則內地皆可通商，流弊滋甚。惟此次商約，力圖杜絕此弊，故有外商不准運貨至中國內地之規定，意至善也。日政府以約文不妥，會遣柳原前光來華改約，鴻章堅拒之，日本不得已，乃實行換約。

（D） 清中葉之中日貿易

清代中葉，中日貿易甚屬平穩，並無特殊之變化與進展。道光二十二年（一八四二年）雖有五口通商之訂定，惟日本猶在鎖國時代，中日貿易額猶甚微也。及至英美強迫日本開埠通商，日本始逐漸認識對外貿易之重要性，乃力求發展。至一八六七年，日本幕府威信掃地，將軍政權奉歸日皇，明治政府因之成立。明治政府成立後，努力興實業，便交通，敦睦邦交，放棄鎖國政策，故此後中日貿易始漸臻繁盛。茲將明治維新後中日貿易之變遷，揭示於左(3)：（單位吾國海關兩）

年代	由日本輸入於中國之價值	由中國輸入於日本之價值
一八六八年	二、三二五、九九五兩	八三四、一九一兩
一八六九年	一、九六一、三五三兩	一、一七二、一四〇兩
一八七〇年	一、二八五、五二三兩	二、四八〇、六三〇兩
一八七一年	一、八九一、〇六一兩	一、一七五、四九五兩
一八七二年	二、八三一、四一二兩	一、三一四、〇二二兩
一八七三年	三、二〇七、〇〇九兩	一、一四三、九九五兩
一八七四年	二、四八五、六八九兩	一、七五六、一一二兩

觀上表所載，則知日本自明治維新（一八六八年）以來，輸出貿易逐漸增加，中國一變而為

入超之國，與清初之輸出額大相反矣。但是時日本工商業方在萌芽，尚未達繁榮時期，故此時貿易額尚稱平穩。自晚清以降，日對華交通貿易始有突飛猛進之發展也。

當時清舶輸入於日本之貿易品種類甚多；其最著者則有白絲、絲織品、茶藥、書籍、帶等。日本輸入於中國之貿易品，概為金、銀、銅、染料、及海參、魚翅、鮑魚等海產物。

三　晚清之中日交通往來

（A）中國正式通使日本

當同治十年，中日修好條規未締結以前，兩國商民均自由通商貿易，日人則集於上海，華人則集於長崎。及至修好條規既結以後，日本以華僑未設領事館，乃頒布留日華僑規則，令各地華僑選出董事經理，每人歲課二元以充經費。迨至日人有臺灣之擾，朝鮮交涉又復爆發，清廷始謀整軍備。日李鴻章為備邊御夷及聯絡外交藉窺敵情計，乃於光緒二年（一八七六年）二月，奏請購船遣使云：

『擬請勅下總理衙門王大臣，遴選熟習洋情明練邊事之三四品京堂大員，請旨賞給崇銜，派爲駐劄日本公使……俟公使到彼，應再酌設總領事官，分駐口岸，自理訟事，以維國體』(4)。

派遣公使駐於日本既爲時勢所需，清廷乃於光緒二年，特派何如璋爲欽差大臣，張斯桂爲副使，往駐日本，購公使館於東京，並設理事官於橫濱、神戸、大阪、長崎等處，中國商民咸歸轄焉。此爲滿清正式通使於日本之始。正式通使後，清室猶不知自強，徒招致日本輕視之心，遂有中日之戰。

(B) 馬關條約中之通商行船條約

光緒二十年（一八九四年），中日因朝鮮問題而有甲午之役，我軍連挫，賠款訂約，史稱之曰馬關條約。此約內容要目計十一款，第六款曾規定：『中日兩國以前締結之約章，因此次失和而作廢，另行訂立新條約：(1)開重慶、沙市、蘇州、杭州四口；(2)日本輪船得駛入中國內地各口；(3)日本臣民得於中國內地購貨運貨，存棧輸稅納鈔；並得在內地通商口岸城邑，任便從事各項工藝製造，交納內地各項稅課雜捐。』此條約中所揭示之各項規定，頗與同治十年所訂定之通商章程相反，其貽害國計民生，廢弛國防，莫此爲甚。

光緒二十二年（一八九六年），清臣張蔭桓與日使林董依照馬關條約，議定通商行船條約二十八款；其內容大綱：日本人民得於中國通商各口岸往來居住，從事工商製造租屋造房及持照遊歷內地。船隻停泊例，貨物進出口輸稅納鈔例，錢債控告懲辦法等優惠條例，亦均適用於日人。前我國與日本初約定之進口貨不准運至中國內地，並不准入內地買土貨等規定，經此次改定後，而工藝製造土貨出洋內地免稅等優惠待遇，反出於中西舊約之上矣。是爲中日商約我國失敗之第一着，亦爲不平等條約之唯一標本也。直至民國十八年，此約始實行廢除。

(C) 通商續約之簽訂

光緒二十六年（一九〇〇年）因義和團之亂惹起八國聯軍之進攻北京，中國主權大受損失。翌年七月，奕劻李鴻章與十一國公使簽訂和約，世稱之曰辛丑條約。其第十一款云：『大清國國家允將通商行船各條約內諸國視爲應行商改之處，及有關於通商各項事宜，均行議商，以期妥善簡易』(5)。日本依據此項條約，遂有中日通商行船續約之商訂。至二十九年（一九〇三年）八月，始行簽字。此約共計十三款，其內容大綱如次(6)：

1.中國正稅以外之另加稅，與日本政府允認按照中國與有約各國，共同商定加稅辦法。

2.准許日本輪船業主自行出資在長江、宜昌至重慶一帶水道施設扯止上灘瀨之事件但須俟海關核准後，始得安設。

3.准許日本各項小輪船在內港行駛貿易。

4.兩國人民可合股營商。

5.修補內港行輪章程。

6.開長沙、奉天及大東溝等商埠。

此商約於民國十七年八月二十日，始屆期滿。我國乃通牒各國，廢除舊約，美英法諸國均以贊成另訂新約見覆；獨日本竭力反對，並聲言舊約應繼續有效十年，復於覆牒末載：「國民政府一方強行其臨時辦法時，帝國政府爲擁護條約上權利計，將有不得已出於適當之處置」。我政府又再嚴詞駁覆，堅拒日方之要求，日本乃故意延宕，此案遂行擱置。直至民國十八年，我國外交部宣告關稅自主時，此約始行廢除。

（D） 晚清之中日貿易

我國自光緒二十二年與日本締結通商行船條約及通商續約後，日本基於優惠條款之保障，對華貿易輸出額因之激增。按自光緒元年（一八七五年）至清室末年（一九一一年）之中日貿易狀況，約可分為二期：第一期（一八七五——一八九四年）貿易狀況，尚稱平穩，我國雖為入超國家，但入超數額尚屬無幾。是時中日貿易額雖逐年增加，但尚無劃期的顯著變化焉。

第二期（一八九五——一九一一年）貿易狀況，因一八九四年甲午之戰，臺灣割於日，貿易輸出額因之驟增。翌年，中日貿易總額由一千七百餘萬兩增至二千八百餘萬兩。一八九六年復有通商行船條約之訂定；一九〇四年，又有通商續約之締結；日本對華貿易遂有長足之躍進。至一九一一年，中日貿易總額竟達至一萬四千餘萬兩，我國入超之鉅亦以此期為最甚。一九一四年以降，日本因歐戰之關係，對華貿易額復較前激增，而呈繁榮之狀態矣。

至於晚清之對日輸出品，其主要者，為棉類、穀類、大豆、豆餅等原料品。由日本輸入之貿易品，則為糖、機械、棉織品等精製品也。

（E）淸日間之海運事業

日本海運事業自通商海外後因政府之獎勵保護，故特別發達。日本自明治三十年（一八九七年）以來，對於海運事業之補助資金，每年約在六百五十萬元至一九三二年，更增至一千萬元已上；故其發展躍進頗有一日千里之勢。試觀下表所載日本船隻之增加狀況，則可知光緒時代日本之海外船運逐年激增矣。

年代	汽船數	帆船數
一八七七年	一八三隻	七五隻
一八八七年	四八六隻	七九八隻
一八九七年	一、〇三二隻	七一五隻
一九〇七年	二、二二三隻	四、八二一隻

當時淸日海運航線，日政府對華海運航路所指定之路線，如次：

一、神戶、長崎、上海線，配船二艘，共計一萬五百餘噸。

二、神戶門司、上海線，配船五艘，共計一萬五千五百餘噸。
三、神戶、天津線，配船三艘，共計六千五百餘噸。
四、橫濱、牛莊線，配船四艘，共計七千四百餘噸。
五、大阪、神戶、青島線，配船一艘五千餘噸。
六、神戶、大連線，配船四艘共計二萬二千八百餘噸。
七、大阪、天津線，配船三艘共計七千八百餘噸。
八、大阪、神戶、青島線，配船一艘共計三千九百餘噸。

上列前五線，乃屬於日本郵船會社者，每年由政府補助二百五十萬元。後三線則屬於大阪商船會社者。此外，屬於原田汽船會社、朝鮮郵船會社等之船隻尚多。除以上八航線外，尚有日本與他國往來而途經中國者，即：(一)日本郵船會社之歐美印澳等線，往往經由我上海、香港等處；(二)大阪商船會社之紐約線，則經由我天津、青島、大連等處是也。

清日交通路

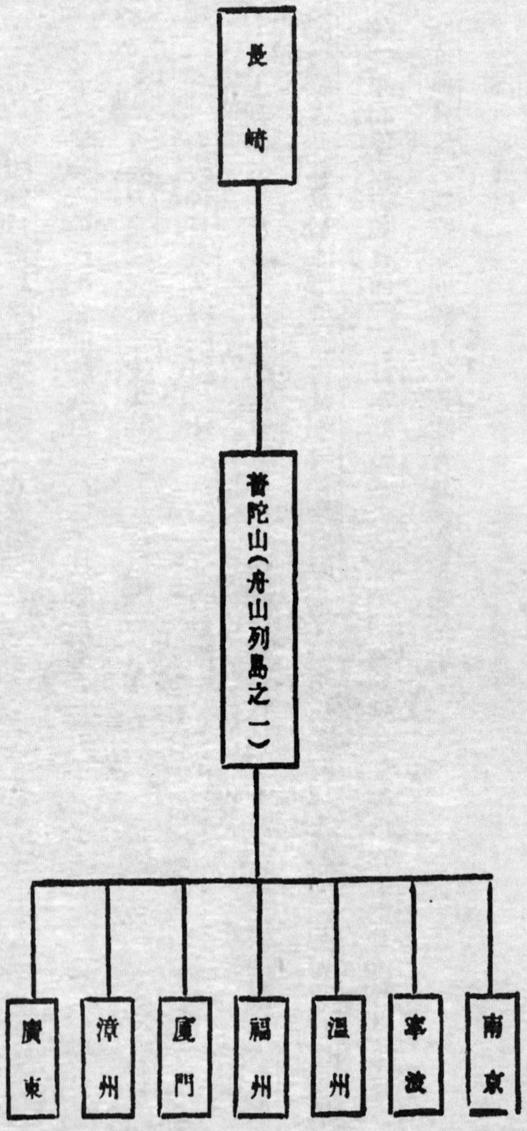

(1)(2)見汪毅等所著之同治條約。

(3)見侯厚培所著之日本帝國主義對華經濟侵略。

(4)見李文忠公集。

(5)(6)見光緒條約及黃月波等所撰之中外條約彙編。

第十四章　民國以來之中日交通

一　民國與日本之貿易往來

民國自成立以降，中日交通愈趨頻繁，恰如躍進一特殊階段；尤以自歐戰爆發後，國際均勢破裂，東亞大陸殆成爲日本之獨佔舞臺。日本大陸政策之積極推進，遂使中日交通往來愈趨繁盛。試先就中日通商往來方面言之，當明治元年（一八六八年，同治七年），日本在我國之貿易猶無地位可言，在我國總輸入額中僅佔千分之三十六，佔我總輸出額千分之十三。自歐戰爆發後，因歐洲交戰國忙於酣戰，不暇從事海外貿易；日本乃乘此良機，擴充其海外貿易，國內工業亦遂有長足之進步自一九一六年後，日本對華貿易逐年有躍進的激增，至一九一九年，中日貿易總額竟增至四萬萬四千萬兩以上，而呈空前未有之大發展，佔我國對外總輸出之首位。蓋是時日本工商業勃興，原料多仰給於中國，且近水樓臺，中國對外總輸出遂以日本爲第一也。

迨至歐戰告終，日本對外貿易之好況，亦隨戰事停止而俱去。一九二一年之中日貿易總額，漸減爲三萬萬餘元。自一九二五年後，日本因匯兌暴落，市況轉佳，對華貿易復漸增加，至一九二八年，日對華總貿易中，復佔列強之首位（1）。蓋我國關稅低微，工商落後，日本乃以中國爲其唯一原料場及貿易商場，卒獨佔東亞商業之霸權也。九一八事變後，因排日問題，中日交通貿易一時雖一落千丈，惟日本積極推行大陸政策，佔取東北四省，威壓華北，欲使日本海化爲內湖；而中日交通貿易復呈變態的盛狀矣。

至關於當時之中日貿易品，日本輸入於我國者，首爲棉織品，次爲麵粉、糖及其他精製品等。由我國輸入於日本者，以豆餅、芝麻餅爲最多，棉花豆類次之。據一九二六——一九二八年間之統計，平均每年達日金八千七百二十萬元。及至一九三四年，中日貿易品略有變更，我國輸入日本者以棉花棉紗爲最多，次爲食糧、煤肉之類。日本輸入我國者，則以棉織品爲最多，次則爲鋼鐵、糖紙之類也。

二　日本船運事業與株式會社之發展

中日戰後，日本因獲得我國之大批賠款，乃大擴充船運事業。一九〇八年，我國入口貨物經英船運入者佔百分之四十一，經日船運入者尚不過百分之二十一。及至民國，日本船業頗有長足之進展，尤以歐戰爆發後爲最。至一九三一年，竟駕英國而上之，佔世界第一位。考其原因，一曰政府之獎勵與補助；二曰乘歐戰之良機而圖進展。蓋歐戰爆發，歐美忙於備戰，不暇商業之航運，日本乃趁此良機，刷新工商業，暢銷工業品；於是日本船運事業，亦有突飛猛進之勢焉。

九一八事變後，因受排日之影響，日本對華船運事業遂一時暴跌。如一九三四年，我國入口爲一萬萬四千萬噸，其中經英船輸入者爲五千八百八十萬噸，經日船運入者僅不過二千十萬噸耳。惟日本近者勢力大增，船運事業亦隨之發達矣。

歐戰後我國輸出入品經日船運輸噸數表

年代	噸數

一九一八年	二五、二八三、三七三噸
一九二八年	三九、〇六五、七二四噸
一九二九年	四二、三四九、六四七噸
一九三〇年	四五、三六〇、七六五噸
一九三一年	四三、〇四二、四一一噸
一九三二年	一九、七七五、九一七噸
一九三三年	二〇、一六八、一四〇噸
一九三四年	二〇、一三九、一一五噸

（據張繡珊所著之中國國際貿易問題）

歐戰後日本船隻增加表

年代	汽船數	帆船數
一九一四年	三、四八七隻	一四、五五二隻
一九二〇年	五、八一〇隻	三四、八二一隻
一九二七年	八、〇九一隻	四三、二四三隻

（據趙蘭坪所著之日本對華商業）

歐戰後，日本工商勃興，尤以我國為其商品推銷地。先是，日人依據馬關條約第六款之規定：「日本臣民得在中國通商口岸城邑，任便從事各項工藝製造。」又因受日政府之補助與保護，故商店數量日增，有如雨後春筍，各大公司相繼設立，其發達繁榮之速，實為他國所望塵莫及。據一九二九年日本政府之統計調查，在華日公司商店已達四千七百九十二家，其規模較著者，如次：

甲、經營種類較廣泛之公司

（1）三井物產株式會社　總行設於東京，我國各大商埠均有分行。其經營之主要貨物，由華輸日者以為餅、雜糧、油類等。由日輸華者為糖、機械、煤、木材、米麥等。

（2）三菱商事株式會社　其組織與經營物品種類，概與三井相同。

（3）其他，如住友合資會社、大倉商事株式會社及石井商店等，亦專營中日間之貿易輸出入事業。

乙、專營一種事業或商品之公司

(1)專營棉花棉織品者　其大者，如日本棉花株式會社、東洋棉花株式會社、江商株式會社、伊藤忠商事株式會社、日本商工株式會社等，總行概設於大阪，分行多設於我國各商埠。

(2)專營電氣用具者　古河電氣工業株式會社、東京電氣株式會社等，乃其較著者，總行多設於東京，分行多設於上海天津等處。

(3)專營礦產者　其主要者，如東亞通商株式會社等，總行概設於東京，分行多設於中國各商埠及礦區等。

(4)專營造紙者　如富士製紙株式會社、大同洋紙社等，多設分行於我國各地。

(5)專營藥材化裝品者　如東亞公司、中山太陽堂等，多設分行於天津、漢口、北平等處。

此外較大之會社（公司）商店，尚不知凡幾；据一九三三年之統計，日商店設於上海一埠者，近已達六百家以上云。按日本公司商店在中國之職務，一爲推銷日貨，二爲收買吾國土貨，且有資本雄厚之銀行爲之後盾，乃得大批投資於吾國農工商業界焉。

三　最近中日往來之航線

日本崛起海上三島，對於海運事業素極重視，自明治維新後，振興工商業，力唱海外貿易，對於海運機構尤力加擴充，故乘歐戰時，歐美船運減退之良機，乃極力擴張海外新航路。於是東亞往來航線，亦悉操於日人之手矣。至若最近中日航線之主要者，定期航路則有下列上海、天津、青島、大連、牛莊等航線。

航線	起終點	主要寄港地	船隻數	航海回數	主管輪船公司
一、上海線					
上海長崎線	上海至長崎		二	四日一回以上每年九〇回以上	日本郵船會社
上海橫濱線	上海至橫濱	大阪神戶門司	五	每月五回以上每年六〇回以上	仝上
二、天津線					
天津神戶線	天津（塘沽）至神戶	門司	三	每週一回以上每年五二回以上	近海郵船會社

天津大阪線	天津（塘沽）至大阪	門司	三	每週一回以上每年五二回以上	大阪商船會社
三、青島線					
青島神戶線	青島至神戶	門司	三	每月六回以上每年七二回以上	日本郵船會社 大阪商船會社 原田汽船會社
四、大連線					
大連神戶線	大連至神戶	門司	四	每週二回以上每年一〇四回以上	大阪商船會社
五、牛莊線					
牛莊橫濱線	牛莊至橫濱	大阪大連	三	每月四回以上每年四八回以上	近海郵船會社

此外，日本輪船航行於我國內地者，猶有長江航路及中國沿岸航路。長江航路中又有上海、漢口線（上海、鎮江、南京、蕪湖、九江、漢口，）漢口、宜昌線（漢口、沙市、宜昌，）漢口、湘潭線（漢口、長沙、湘潭，）漢口、常德線及宜昌、重慶線（宜昌、萬縣、重慶。）中國沿岸航路中，又有上海、廣東線（上海

汕頭香港，）上海、天津線（上海、青島、天津。）至其他日本郵船會社之橫濱、倫敦線，大阪商船會社之橫濱、香港線等，皆經由我國之上海、香港等處者也（ ）。

（1）見趙蘭坪之日本對華商業及張毓珊之中國國際貿易問題。

（2）見大阪時事新聞社之時事年鑑。

第十五章　晚近中日交通之影響

清日交通甚繁，文化政治皆互為影響。清初赴日本者多僧侶學者，佛經像及各種書籍亦多盛行輸入於日本；故影響於日本文化者頗鉅。清代中葉以降，我國有為志士鑒於明治維新之成功，多紛赴日本留學考察其變法維新，以講富國強兵之道；故此時中國亦頗受日本政治轉換之影響。迨至民國告成，日本工商業日趨發達，運銷其廉價之貨於我國，都市鄉村經濟咸被其影響矣。

一　清初中國文化對於日本之影響

清僧與日本佛教　我國僧侶東渡之結果，日本佛教日趨隆盛，清初（由順治至康熙末，凡七十年間）赴日僧人最著者約五十餘人，多以弘布佛教為唯一職務；如逸然性融、道者超元、獨立性易、隱元隆琦、大眉性善、木菴性瑫、即非如一、高泉性潡、心越興儔等清僧，影響於日本文化者頗鉅。就中影響於日本佛教最大者爲道者超元。超元爲福建興化人，順治八年赴日本，住崇福（長崎）普門（平戶）天德（金澤）諸寺，鼓吹禪風，勸化世人，頗爲日人之重視。順治十一年福州黃檗山僧隱元隆琦赴日講道於興福崇福（均在長崎）兩寺，後謁將軍德川綱吉，賜寺地於山城之宇治，創立黃檗山萬福寺，而開黃檗宗；是爲日本開創黃檗宗之始。隱元在淸時，曾開印語錄，此語錄傳至日本僧侶爭購讀之。隱元赴日隨從弟子甚多，日本佛教頗受其影響。康熙初年又有名僧心越興儔之赴日，德川光圀迎之至水戶，開祇園寺。當開山之際四方來者達一萬七千餘人，其影響之大可想而知。至其他淸初僧侶東渡者，亦影響於日本佛教之發展不尠也。

淸僧與日本藝術及醫學等　在中村久四郎所撰近世支那之及於日本文化之勢力與影響中，敍述淸初文化之影響於日本者甚詳；茲摘譯於左：

（1）建築方面　上自黃檗山之萬福寺（淸順治十五年建）與長崎之唐三寺（明末建）下至各地之黃檗寺，皆爲中國僧人監造，完全採取中國建築式。

（2）書法繪畫方面　淸初名僧攜至日本之書畫頗夥，多藏於黃檗山，故此山有美術館之稱。

且諸僧多長於書畫，如即非以草書著名，心越以篆書著名，獨立則對於詩文翰墨篆刻醫術等無所不通。彼等至日本後，又力倡唐式書法，故影響於日本者頗鉅。繪畫則以超然爲最優，開日本近世漢畫之基。又隱元、心越亦均以善畫稱。

(3)印刻方面　清僧獨立、千呆、高泉等均善於篆刻，頗爲日人所崇信。康熙初年，心越曾攜清陳策之韻府古篆彙選至日本。康熙中葉，竹翻刻之，盛行於日本。康熙末年，赴日清僧大鵬正鯤曾著印章篆說，流布於三島；於是印刻術遂傳入於日本。

(4)醫學方面　赴日清僧如獨立、化林、心越、澄一等，皆精通醫術，並傳播其醫術於日人，促進日本醫學之發展者頗鉅。

(5)音樂方面　心越善琴，攜琴至日本，傳其技術於琴川等。琴川著東皋琴譜五卷，於是久已中斷之日本琴法，至是復興。

清僧與日人生活方式　渡至日本之清僧，其生活方式仍用中國式樣，故影響於日人日常生活之處不尠。如至日本之清僧，仍慣用唐式點心、胡麻豆腐、隱元豆腐、唐豆腐、黃檗饅頭等種種中國式飲食，日人間亦仿效之。如斯習而久之，日本烹飪法遂深受其影響。又清僧至日本者仍慣用清語，讀經時亦常用唐音；此與日本唐音之流布，亦頗有密切之關係焉。

清學者與日本漢文學　明亡清興，明儒朱舜水不肯仕清，乃於一六五九年（順治十六年）至日本，德川光圀迎之爲賓師，盛講儒學，開修史之新運，日本學者多受其感化，迄今猶崇拜之。又有清儒陳元贇者，攜袁宏道之袁中郎集至日本，日人多愛讀之，日本文學亦深受其影響。是時日本學者多至長崎從清人學習唐音或清語，於是日本學者多愛讀水滸、紅樓夢、金瓶梅等中國本稗史小說，直接影響於日本文學及民衆文藝者極大。

又清代學者多兼長書畫，此亦間接影響於日本畫風者不少。如南宗山水畫家伊孚九，於康熙末年赴日本，其所作書畫風趣清秀，日人多往學之，遂兆日本釀成南宗畫風興隆之機運。又如花鳥寫生畫家沈南蘋，於明清之際，受西洋畫之影響，卒成爲寫生畫家。彼於雍正九年（一七三一年）赴日，給日本畫界一清鮮刺激，卒有南蘋畫派之誕生。此外影響於日本書法者，有朱舜水、陳元贇、俞立德、胡兆新、徐荷舟、劉培泉等；此均爲我國名儒碩士而兼善書畫者也。

中國醫學之傳入　順治初年，清人王寧宇設醫於日本江戶，日人從之學者甚衆。及至康熙末年，蘇州醫師吳載南、陳振先、周岐來、趙淞陽、劉經光、汀州醫師朱來章、朱子章等，亦陸續至日本。尤以陳振先朱子章影響於日本醫界者爲大。陳振先至長崎後，跋涉山野，採集草藥多種，著有草藥功用書。朱子章尤精於醫術，深爲日本朝野所崇信。是後日本醫學界之有長足進步，彼等實與有力焉。

綜觀以上所述，清初僧人學者東渡以來，對於日本之影響頗鉅，尤以文化方面者爲最；可歸納之爲下列六點：

（一）宗教方面——禪宗日盛，又因清僧隱元隆琦等之赴日布教，遂開黃檗宗於日本。

（二）儒學方面——明人朱舜水之東渡，遂以朱子學爲中心之儒教思想，盛行輸入日本。

（三）藝術方面——中國式之建築、書法、畫法及印刻術等，均相繼傳入日本。

（四）音樂方面——琴法之傳入。

（五）醫學方面——中國醫學及草藥盛行輸入日本。

（六）生活方面——中國式烹飪法亦盛行傳入日本。

二　晚淸以來日本政治文化對於中國之影響

我國自甲午戰役後，國外留學之風頗盛，尤以赴日本者爲最夥。戊戌變法，各省創辦學校，赴日學師範教育者尤夥，日本高等師範學校特爲華人設速成班，或一年畢業，或數月畢業。彼等畢業後，多歸國創辦學校。光緒末年提倡教育改革軍制者，大抵皆日本留學生也。光緒三十一年，對於考試出洋學生，概予以進士舉人待遇，於是人人以出洋爲升官之捷徑，赴日留學者卒增至數萬；故西洋文化之灌輸，亦多由日本間接傳入者也。

當時我國政治外交迭遭失敗，始則給予外國以特殊權利，繼則喪失藩屬，終則領土不能保全。惟朝野人士多未覺悟，對外國政治經濟，從未虛心考究，以便施行改革。反觀東鄰日本，自明治變法維新，效法西洋，國勢驟強，我國人士受此刺戟，且經數次外交失敗之結果，乃思富強之道，效法日本，變法維新，以爲當務之急。先是曾國藩李鴻章等，皆驚服外國之科學文明，以爲有槍砲卽可與列強爭衡矣。李鴻章因久掌外交，洞悉世界大勢，又力主變法維新；惟以各方撓阻，未果。其後，康有爲梁起超等又力倡變法，康上書曰：『恥不如日本，』是其變法以日本維新爲張本明矣。康梁鼓吹變法之結果，光緒始毅然贊同，斷行變法準備。康上書論國勢之阽危，極宜及時發憤，革舊圖新，以存國祚。末後復建議三則：一曰採法俄日以定國是，『願陛下以日本明治之政爲政法；』二曰大集羣才而謀變政；三曰聽任強臣各自變法。帝復命其具摺上陳，並披覽康氏所著之日本明治變政考及俄大彼得變政記二書。光緒二十四年（一八九八年）一月，康再上疏，力陳應取法明治維新：一曰大誓羣臣以定國是，二曰立對策以徵賢才，三曰開制度局以定憲法；其建議設立之制度局，分爲十二：一、法律局，二、度支局，三、學校局，四、農局，五、工局，六、商局，七、鐵路局，八、郵政局，九、礦務局，十、游會局，十一、陸軍局，十二、海軍局。各省亦添設民政局，其怪辦准專摺奏事，與督撫平等，其奏陳辦法，均倣效日本。徐致靖亦奏薦康梁等曰：『日本變法，拔用下僚及草茅之人入憲法局，以備顧問，康有爲等若蒙皇上召置左右，以備論思與講新政，……必能措置裕如，成效神速。』是贊助者皆以明治維新爲楷模也。

康有爲並主張：教育則設立學堂，翻譯日本書籍，廣派留學生。政治則主張立憲法，召開國會，改定法制。軍制則添設巡警，倣照外制，教練新法。方康有爲之見用也，乃商諸李提摩太，李以伊藤博文爲主持日本變法之主腦者，乃建議聘伊藤爲顧問。伊藤至京，清廷頗優遇之，康氏變法得其襄助輔導者不少也。

要之，康梁之變法運動，受明治維新之影響極大，日本於變法之前，備受強國凌辱；及至變法之後，國際地位驟增，故我國人士多爲其感動，變法圖強，效法日本，此乃當時之一般輿論也。輿論既告成熟，又得光緒帝與其一部大臣之贊助，乃準備改革，一切施設咸以日本爲楷模，是戊戌政變以受日本之影響爲最大也。

庚子之役，我國賠款四百萬萬，民心激昂，慈禧亦知非變法不足以收拾民心，乃於光緒二十七年（一九〇一年）下詔變法。劉坤一、張之洞會銜奏疏，擬定辦法凡四；其第四條云：『獎勵游學，日本文字近於中國，學生宜往游學。』且一九〇五年，日本戰勝強俄，一躍而爲東方強國，我國人士更驚服其變法之奇效，咸以爲日本立憲，上下一心；俄國專制，內亂迭起。按日本變法前之政治學術皆傳自我國，其領土人口遠不及中國，惟能變法自強，故一躍而爲一等強國。我國朝野人士因受其刺激，故力倡立憲政體。西太后爲之心動，派五大臣出洋考察憲政，遂有一九〇六年準備立憲之舉。當

二二二上

中華民國二十六年五月初版

有

中國文化史叢書 中國日本交通史一冊 (95661)

本書定價國幣伍千元

外埠酌加運費匯費

著作者 王輯五

主編者 王雲五 傅緯平

發行人 王雲五 上海河南路

印刷所 商務印書館 上海河南路

發行所 商務印書館 上海及各埠

(本書校對者滕祥璧)